文化启迪，
智慧引领

——在教育筑梦路上行走

▶ 刘向力　著

中国海洋大学出版社

·青岛·

图书在版编目（CIP）数据

文化启迪，智慧引领：在教育筑梦路上行走／刘向
力著 . —青岛：中国海洋大学出版社，2022.5
ISBN 978-7-5670-3156-2

Ⅰ. ①文… Ⅱ. ①刘… Ⅲ. ①师资培养—研究 Ⅳ.
① G451.2

中国版本图书馆 CIP 数据核字（2022）第 082423 号

WENHUA QIDI, ZHIHUI YINLING——ZAI JIAOYU ZHUMENGLU SHANG XINGZOU
文化启迪，智慧引领——在教育筑梦路上行走

出版发行	中国海洋大学出版社		
社　　址	青岛市香港东路 23 号	邮政编码	266071
出 版 人	杨立敏		
网　　址	http://pub.ouc.edu.cn		
电子信箱	appletjp@163.com		
订购电话	0532-82032573（传真）		
责任编辑	滕俊平	电　　话	0532-85902342
装帧设计	青岛汇英栋梁文化传媒有限公司		
印　　制	北京虎彩文化传播有限公司		
版　　次	2022 年 5 月第 1 版		
印　　次	2022 年 5 月第 1 次印刷		
成品尺寸	170 mm × 240 mm		
印　　张	10.75		
字　　数	206 千		
印　　数	1—1000		
定　　价	49.00 元		

发现印装质量问题，请致电 010-84721811，由印刷厂负责调换。

序

人因梦想而伟大！

也因学习而改变！

更因行动而成功！

"造一个草原要一株苜蓿加一只蜜蜂。一株苜蓿，一只蜂，再加一个梦。要是蜜蜂少，光靠梦也行。"狄金森的这首诗，激起了无数教育人的遐想。梦，是一种意象语言、一种主体经验，是人在睡眠时产生的影像、声音或感觉。每个人都可以有梦，也都应该有梦想。一个有理想的教师应该是个天生爱做梦的人，因为对未来有美好的追求，才不断提出新问题、发现新问题、解决新问题；一个有理想的教师还应该创造性地去探索教育，努力读懂孩子的内心世界，倾听孩子的声音，探寻孩子的成长规律，培育深厚的教育情怀，真正实现从学科教学走向学科育人的教育初心。为了这样的梦想，我们教师甘洒汗水，一路放歌。"教育梦"，就是让每个人都能接受适合自己的教育，人人能成为社会的有用之才。梦想在前，行动在后，在行动和结果之间，在现实和预想的目标之间，那长长的距离，正是梦想所能连接的。"撑一支长篙，向青草更青处漫溯；满载一船星辉，在星辉斑斓里放歌。"教师的人生仿佛一段追梦的旅程，泉水选择瀑布，成就它锤炼生命的交响；花儿选择果实，坚持它延续生命的辉煌。对教育梦想的执着追求，使平凡的教师变得伟大。在追求教育理想的道路上，教是基础，育是关键，教育必定要回归其本源——本真、唯美、超然。

教育本真。其揭示了教育的本源问题：教育应尊重学生的天性，关注每一个生命个体，以人为本，体现人文关怀。欢声笑语如生命的乐园，从容恬淡如傍晚村寨的炊烟，思想自由如田野中的清风，个性张扬如百花园中千姿百态的花朵。"独立之精神，自由之思想"才是学校应有的气质、风度。教育应遵循人的最真实、最自然的天性，去发现和开发每一个学生的潜能，让学生感受到成长中的苦与痛、爱与乐。

教育唯美。教育首先应坚守育人的目标，即培养全面发展的人。其次，教育应是一个完整的历程，在现代课程观指导下，实现知识、技能、方法，情感、态度、价值观的融合，重视学生的情感体验。这种体验是深邃的，是浪漫的，是唯美的。我们坚信，单调、枯燥、冷漠的校园培养不出充满爱心的学生，也培养不出富有创造力的学生。

教育超然。超然的教育，是"自觉的教育"，是一种教育的崇高愿景。其有高远的境界，宽广的视野，豁达的（人生）态度，超脱现实、排除功利、勇于超越自我的目标定位。其核心内容，即创造（创新）。因此，教育应该是一段生活、一个过程、一次体验、一种创造。

教育是一项平淡而漫长的事业，"因为平淡所以光荣，因为漫长所以伟大。"平凡但不普通的教育工作关系着学生、家庭和社会的未来。因此，我们教师应该有一种特别的幸福感和庄严的使命感。

　　教育是启迪,是引导,而不是强迫;教育是激励,是表扬,而不是责怪;教育是期待,是熏陶,而不是浇灌;教育是关爱,是关怀,而不是溺爱;教育是给予,是理解,而不是放任。教育的本质是人与人的交往,是教师作为文化传统的代言人,通过人际交往影响下一代年轻人成长的事业。教育既需要学生的自我管理,也需要教师的外部引导;教育既应该尊重学生琐碎的"小故事",也应该重视关乎传统与原则的"大故事"。

　　梦想可以娱乐自我,也可以震撼世界。梦想是灯塔,梦想是奋进的旗帜。培养出最好的学生,正是教师职业意义之所在,而我们必须先成为最好的教师。教育是一个古老的话题,它与人类的文明史一样古老;教育又是一个崭新的话题,它总是随着社会的发展而进步,每一个时代都会赋予教育新的内涵;教育也是一个关乎未来的话题,人类的未来与教育息息相关,失去了教育也就失去了希望。一个民族的兴盛离不开教育,一个家庭的兴旺缺不了教育,人类社会发展的关键在教育。西方的哲人曾把教育视为实现政治理想的主要手段,柏拉图的《理想国》是古希腊时期奴隶主阶级的教育蓝图,其目的是培养统治广大奴隶的哲学王;卢梭的《爱弥儿》是法国启蒙时代的自然主义教育纲领,是资产阶级争取自由的行动指南;杜威的《民主主义与教育》是美国资产阶级民主社会的教育纲要,是建立民有、民享、民治的资产阶级民主社会的教育方案。

　　国家的发展和强盛,民族的强大和进步,人民的尊严和幸福,都离不开先进文化的支撑。文化是民族的灵魂,中国之所以有今天,有赖于几千年薪火相传的中华传统文化和中华民族的伟大精神。教育是传承文化和创造文化的关键途径。社会生活中有两根极其重要的线：一根是经济线，一根是文化线。没有物质经济做支撑，身体会饿死；没有精神文化供养头脑，思想会枯竭，大脑将窒息而亡。看一个国家、民族是否强盛，表面看经济，实质看文化。文化来自哪里？文化来自教育。教育来自哪里？教育来自思想。思想来自哪里？思想来自责任、忧患意识。可见，文化与教育具有内在的、天然的联系。教育与文化相互包含、相互制约、相互依存、互为目的和手段。离开了文化，教育如同机器生产缺少原料；离开了教育，文化也无法有效传承与发展。人的生存需要两种力量：一种是思想的力量，一种是利剑的力量，思想的力量往往战胜利剑的力量。一个人的思想有多远，他就有可能走多远。中国几千年的灿烂文明，是历朝经济、文化发展的积淀。一个真正强大、和谐的国家，必然会给后人留下丰厚不朽的文化瑰宝和无比珍贵的精神遗产。当代中国思想家和教育家正在努力打造中国教育文化的繁荣，建言献策，付诸行动，全面培养合格的国家建设者和接班人。

教育是理想主义的，教育和其他工作不一样，没有理想主义，教育就无法触及。最理想的教育必然是"高尚的内容"和"优雅的形式"的完美融合。朱永新认为，"中国教育有弊端，但怒目金刚式的斥责和鞭挞，虽痛快却无济于事。对于中国教育而言，最需要的是行动与建设，只有行动与建设，才是真正深刻而富有颠覆性的批判与重构"。目前，"全人教育"的理念越来越得到教育界人士的认同。"全人教育"是致力于让个体的潜能得到全面、自由、充分、和谐、可持续发展的教育。其首先是人之为人的教育；其次是传授知识的教育；再次是和谐发展、形成健全人格的教育。从某种意义上讲，"全人教育"就是培养"全人"或"完人"的教育。目前，为落实"双减"政策，国家要求减轻学生课业负担，严格控制书面作业总量，全面规范管理校外培训机构。"双减"政策是国家从党之大计、国之大计角度做出的重大安排，是关系国家培养什么人、怎样培养人的问题，是贯彻党的教育方针、落实立德树人的问题。学生负担减轻了，素质提升了，就能真正实现"五育"并举，德智体美劳全面发展，成为社会主义建设者和接班人。

　　教育的本质是提高人的生命质量，把人的内在的一些美好的东西、把学生内在的美好的情思发掘出来，就是教育学生敢于直面自我、直面自己的生命。初心筑就梦想，一腔喜爱，一份宽容，一份责任，如此而已。教育的美好愿景来自持之以恒的努力和笃行不怠的坚守。教育是师生双向奔赴的默契与奋斗。至今柏拉图设想的由"哲学王"治理的理想国仍没有建立起来，卢梭设想的爱弥尔式的理想公民也没有培养出来，但《理想国》和《爱弥尔》却成了教育经典。卢梭曾经说："只要柏拉图的《理想国》和卢梭的《爱弥尔》留存在世，纵然所有教育著作被毁，教育园地依然还是馥郁芬芳。"

目 录

第一章
我们追求什么样的教育

　　教育是根据一定的社会需要进行的培养人的活动和过程。从受教育者身心发展的变化规律来看,教育是发展,是生长,是对生活环境的适应,是经验的积累与重新组合,是个体社会化的过程。从教育者的角度出发,教育就是向下一代传递民族的传统文化、培养社会发展所需要的建设人才、促进受教者身心发展。

第一节　教育要瞄准目标

　　"教育"一词最早见于《孟子·尽心上》中的"得天下英才而教育之,三乐也"。许慎在《说文解字》中这样解释:"教,上所施,下所效也","育,养子使作善也"。教育,即教化培育。教师以现有的经验、学识向学生解释各种现象、问题或行为,以发展学生的能力、增加学生的知识。教育的本质是培养人。著名教育学家斯普朗格曾说,教育的最终目的不是传授已有的东西,而是要把人的创造力激发出来,将人的生命意识、价值意识唤醒。

　　一直以来,人们的教育观是受世界观和人生观影响的,世界观和人生观不同,教育观亦不同。思想起源于实践,形成于思考。没有思想,

1

教师就不能称为教师。因为失去了思想，也就失去了脊梁，没有脊梁一样的思想撑起我们的教育晴空，也就无法有湛蓝的天空和洁白的云朵装点我们的教育人生。一个教师要想成为有思想的人，就必须投入地工作——实践是孕育思想之花的肥沃土壤。耕耘课堂，研究教育，每一天点点滴滴的实践，就是我们的优势，就是我们的研究土壤。教师应踏实肯干，坚持教育思想的引领，有追求卓越、创新的精神。教师的学识、修养、情感、理想、态度、职业操守，是一种独特的教育资源。教师是一本活的教材，要让学生读懂、读通教师这本书，给学生以熏陶，教育学生成为贤达之人、仁智之人，这就是实实在在的做人的教育。

陶行知说，教育是依据生活、为了生活的"生活教育"，要培养有行动能力、思考能力和创造力的人。梁漱溟说，教育的本意，是让人们有本领、有能力。蒙台梭利说，教育就是激发生命、充实生命，协助孩子们用自己的力量生存下去，并帮助他们发展这种精神。雅斯贝尔斯说，所谓教育，不过是人与人的主体间的精神交流活动，包括知识内容的传授、生命内涵的领悟、意志行为的规范，并通过文化传递功能，将文化遗产传递给年轻一代，使他们自由地生长，并启迪其自由的天性。可见教育的本体只有一个，那就是"人"；教育的起点和终极也是一个，那就是"人的发展"。因此，教育不是"制造"，而是"创造"；教育不为"一时"，而为"一世"。教育从培养"考生"转到培养"学生"上来，少一点功利，就会多一份健康。教师首先是教师，而后才是学科教师，必须研究教育方向和教育本质。我们要深刻领会教育的目标是什么。

古代科举教育的目标有两个：一是培养礼仪，二是改变命运。读书人要知书达礼，哪怕像孔乙己那样落魄了，也不能斯文扫地。书中自有颜如玉，书中自有黄金屋，古代人认为读书好就能进入仕途，由此就可以飞黄腾达、光宗耀祖了。今天，教育的目标同样有两个：社会需求与个人发展。国家的发展需要建设者与追梦人，今天的教育就是明天的经济，今天的教育就是明天的创新。教育是民族的未来。对于一艘盲目航行的船来说，所有的风都是逆风。由此看见，目标是多么重要，而教育亦是如此。

教育的目标不是分数。分数只是评价学生学习水平的一种工具，把分数作为主要目标，甚至是唯一目标，这是在办学校，而不是在办教育。教育的价值不仅仅体现在分数上，还有更多隐性、长久的价值。事实上，我们应该看到：首先，学生是学习生存知识、本领的人；其次，学生是学习生活能力和生活态度的人；再次，学生是学习会使其生命更加有意义和价值的人。

教育的目标不是财富。办学需要资金，聘请教师需要资金，培养学生需要资金，然而，教育的核心价值不是财富。事实上，做任何事业，真正的价值都不可能是财富。乔布斯曾说："我的激情所在，是打造一家可以传世的公司，这家公司里的人动力十足地创造伟大的产品。其他一切都是第二位的。当然，能赚钱很棒，因为那样你才能够制造伟大的产品，但是动力来自产品，而不是利润。"

教育的目标不是地位或名声。培养出了能人、培养出了名人，学校也可以引以为豪，但这些校友毕竟占少数。大多数学生是普通人，教育更应关注这些平凡的大多数人。

教育的唯一目标是学生培养，即学生人格、素质和能力的培养。

学校乃读书圣地，"学校教育给学生心灵世界种下一粒什么样的精神种子，今天的教育者如果不去想，就不算是一个合格的教育者"。作为教师，我对此感同身受，体会深刻。教书育人不仅需要有科学严谨的方法、积极热情的态度，还要有入心之大爱。初为人师，我欣赏"怕"字，所以严厉、冷酷，总想着要在学生面前树立威信。脸板着，手背着；看到学生有不当之处即刻批评；看到学生进步了心里虽喜悦，嘴里却说不要骄傲；学生稍有顶嘴就怒不可遏，感觉自己的师道尊严受到挑衅，非得"镇压"了才好。做这些的时候，我没有觉得有什么不对，相反觉得自己牺牲了很多，真是为学生操碎了心。师生朝夕相处，却依然像陪在陌生人左右，彼此心意不通。师生关系像隔了一层薄膜，学生尊重你，却不把心里话告诉你；你关爱着学生，却时时担心他们给你惹祸添麻烦。现实中，这种不平等的师生关系、"关""管""灌"的教育方式司空见惯，人格在绝对权威的俯视下，默然低头。

在这种单向信息传递中，学生只能"被认可"，其自我生长的内在力量微弱；想象力、好奇心得不到正确引导，创造力在封闭、保守、顺从中逐渐萎缩、磨灭；同伴间的竞争被强化，善良、友爱、平等、尊严等情感、态度得不到重视和培养。苏联教育家马卡连柯说："学生可以原谅教师严厉、刻板甚至吹毛求疵，但不能原谅他不学无术。"教师要赢得学生的尊重须有过人的学识和高尚的品行，让学生心生敬仰，爱师、亲师。爱的教育让师生相互尊重、信任，理解彼此的付出，情动、心动方见行动。有了爱才能说教育，无爱的教育是失败的。

曾经某教育权威机构在教师、家长、学生中做过一项调查，让人们从孩子听话、孩子爱我、孩子成绩好、孩子善良、孩子快乐、孩子健康、孩子有特长中选择最希望实现的一项。

结果显示，教师选择孩子成绩好，家长选择孩子听话，而学生则选择快乐。面对三种不同的结果，谁的选择最有说服力？教育到底是为了谁？谁的选择又最重要呢？其实教育的成功就在于选择，人的成功也在于选择。教育是选择时机的艺术，须随学生之性方可奏效，所以我们要去捕捉恰当的时机。一个人在适宜的时机，做着令自己快乐的事，就会以满腔热情投入其中，潜能就能激发出来，人生价值也就会充分体现出来。苟如此，则实中可兴也。所以，在教育实践中，教师应力求做到：教学有法（课堂精彩），重在创新（因生而变），打造激情、愉悦、有智慧的课堂；时时关注学生，平等待生，唤起学生的学习兴趣，激发学生的学习内驱力；遵照循序渐进、先易后难的原则，教给学生知识，教会学生方法，训练学生能力，提升学生素养，成为学生成长和身心健康的指导者——人师。

教育的终极目标是幸福。如果教育的目标不是分数，不是财富，不是名声，不是地位，那么，作为教育者，我们只能关心人生的终极目标——幸福。

幸福与财富无关。心理学家研究指出，彩票大奖的得主，只过了一个月，幸福感就会回到中奖前的水平。

幸福甚至与健康的关系也不大。有足够的数据表明，即便是因为车祸致残的人，大多数在一年之后便能恢复到车祸前的心理状态。

那么，幸福是什么？

亚里士多德说，幸福是生命本身的意图和意义，是人类存在的目标和终点。换言之，幸福本来就是生命的需要，生命本来就应该是幸福的。我们付出诸多努力，克服各种困难，却往往发现所追求的东西是虚空的，而幸福，才是终极目标。

幸福是人生有目标，并且一生都为之而努力。迷茫的人生是痛苦的，失去目标之后的放纵与压抑往往导致虚无与抑郁。有时候，你看到一个人很辛劳，物质很贫乏，生活很艰苦，往往认为他过得很悲惨，却没有料到，他的幸福感很高。因为他正在为实现自己的目标而奋斗，而实现目标的过程是充实的，离目标越来越近的感觉是喜悦的。

幸福是一种成功的感觉。成功不但能让我们体验自我实现的幸福，而且能极大地提升我们的自信。

幸福是感恩。帮助别人，能让我们快乐。抱着感激的心态对待世界，能提升我们的幸福水平。

幸福是知足。知足的人很少抱怨，即便遭遇不幸，仍能看到生活中的希望。有人说，"幸福的本质是快乐与意义的结合"。如果我们以牺牲当下的快乐去追求未来的幸福，这属于忙碌奔波；如果我们只追求当下的感官刺激而不管将来，这是享乐主义；如果现在和未来都不快乐，那是虚无主义。真正的幸福，应该是现在快乐，未来也快乐。因此，如果我们现在所做的事情既能带来快乐，又是有意义的，那我们便进入了幸福的状态。

反观当下的教育，我们的学生多半处于忙碌奔波中，他们幸福吗？要让所有的同学都成为勇敢者，我们唯一能做的就是帮助和鼓励他们。家庭和学校应该是帮助学生发现自己、成就自己的场所，给学生尽可能多的空间、舞台和机会，这样才有可能让学生成为他（她）自己，才能成就他（她）的幸福。

作为教师,我们的理念是,教育不单是要教会学生知识与技能,为他们走上社会做准备,更重要的是要把他们培养成对社会有责任感的公民。教师的价值不在于培养了多少名牌大学生,而在于培养了多少有健全人格的国家建设者。美好的心灵、高尚的品质,不是自然生成的,不是在说教中形成的,不是在写检讨中形成的,而是在体验中变成一种自觉意识和习惯。"好的教育应该是培养终身运动者、责任担当者、问题解决者和优雅生活者。"

教育是一种幸福的劳动。教师的收获,既有自己感觉到的成功的欢乐,也有学生感觉到的成功的欢乐,于是教师收获了双倍的幸福,乃至更多于其他劳动数倍的幸福。教师应走入学生的心灵世界,而不是站在这个世界的外面观望。

学校像土地;学生像种子,像苗;校长、教师像农民,像园丁。我们常说,有两颗种子最重要,即创新和自制力,这让我们清楚地知道教育应该做的事情。教师的素质决定了学生的素质,有体面的教师,才有体面的学生。教师的生存状态决定了学生的生存状态,只有幸福的教师才能培养出幸福的学生。教育即生长,生长就是目的,在生长之外别无目的,这言简意赅地道出了教育的本义,就是要使每个人的天性和能力得到健康发展,使个性与人性得到尊重,而不是把外面的东西(例如知识)灌输进一个容器。其实,教育就是有效地传承过去、快速地发展现在、更好地创造未来的实践活动。传承过去,就是对过去文化遗产的继承,对人类曾经积累下来的智慧和道德财富的分享;发展现在,就是要解决当今时代所面临的各种问题,具备当今社会发展所需要的知识和能力;创造未来,就是在继承传统的基础上,利用有利条件去创建更加美好的社会和人生。

历史告诉我们，教育的核心价值就是：① 发现人的价值。教育必须帮助人获得应有的地位，享受应有的尊严，发挥应有的作用。② 发掘人的潜能，使人潜在的可能性转化为现实性，方是教育的应有之义。③ 发展人的个性。每个人的成长必须有自己的个性，教育应当使其个性得到全面、充分和自由的发展。④ 发挥人的力量。人的生存靠三力（体力、脑力、精力），教师的工作靠精力，只有通过教育，才能使人的力量得到应有的培养和发挥。

好的教育一定是人的教育，就是人自身的教育、人的主体性的教育，而不是人的某些功能性的教育。叶圣陶先生说过，教育就是培养习惯，衡量教育是不是成功就看有没有形成良好的习惯。唤醒学生天性中阳光的一面，进而让学生以阳光、积极的面貌来示人、服务社会，就是教育的力量。

我们要由衷地感谢教育，教育赋予人类以智慧与美德，教育赋予社会以进步与力量。教育是思想与思想的交流、情感和情感的沟通、生命和生命的对话。教育需要机智，需要把握每一个转瞬即逝的机遇；教育需要能力，需要永不懈怠地追求与探索；教育需要特色，需要不断创新。教育要面向社会主义现代化培养全面发展的人，因为只有身体、才能、个性得到全面而丰富发展的人，才有可能成为合格的社会主义事业的建设者和接班人，才有可能担负起实现中华民族伟大复兴的历史重任。

教师的工作对象是人，教育是一个人"唤醒"另一个人"灵魂"的事业。在教育的国度里，"唤醒"是一项创造性极高的复杂劳动。教师需要努力发现每一个学生的独特，了解他们的诉求，帮助他们实现自己的价值，使他们成为最好的自己，这才是教育的终极目标。教育的着眼点是学生，教育的着力点是教师，教育的切入点是课堂。教师拥有丰富的内涵、过硬的素养、崇高的使命，才能更好地促进学生生命的完整、人格的健全。

在我心目中，现代教育一定是离人越来越近的教育，绝不会是离人越来越远的教育。也就是说，现代教育是以人为本的教育，关注人的健康，关注人的需要，关注人的心灵世界。

在我心目中，现代教育一定是让人越来越强的教育，绝不会是让人越来越弱的教育。也就是说，现代教育是富有活力的教育，能强悍人的体魄、强化人的创造力，强化人的信仰力量。

在我心目中，现代教育一定是令人越来越美的教育，绝不会是令人越来越丑的教育。也就是说，现代教育是真善美的教育，引导人以真理为友、以道德为魂、以艺术为趣。正如美国教育家约翰·纽曼所说，只有教育，才能使一个人对自己的观点和判断有清醒、自觉的认识；只有教育，才能令一个人阐明观点时有道理、表达立场时有说服力、鼓动人心时有力量。

第二节　教育是一种信仰

"人总要相信些什么，才不会度日时，跌入未知的黑洞里。"瑞典诗人托马斯·特朗斯特罗姆的这句话，描绘出信仰对人的作用。信仰，是一个人做什么和不做什么的根本准则与态度。

有这样一则小故事。有人问三个建筑工人:"你们在做什么?"第一个人回答:"砌砖。"第二个人回答:"挣钱。"第三个人回答:"建造世界上最有特点的房子。"后来第三个工人成为有名的建筑师。职业信仰,决定着一个人的行走方向。

教育同样是一种信仰。"您在做什么?"作为教师,您将如何描述自己的教育行为?教书?挣钱?还是与一个个独特的生命相遇,用心灵唤醒心灵?教育信仰,决定着一个教师的生存状态和职业旨趣。

教育信仰,是教师追问教育原点的产物。人是什么?教育的目的是什么?什么教育能真正使人完善和幸福?这些最本质的问题是一线教师需要持续追问和反思的。钱理群教授说,真正的教师必定是有信仰的、站直了的人。于是,就有了"教师应当是思想者"的命题,其应当找寻两种知识分子精神、教育精神:一是独立的批判、怀疑的精神;二是独立的创造精神。

教育信仰,通常作为一种意识深处的价值标准支配着教师的行为。当我们对"什么是真正的教育"之类的问题有了答案时,我们的教育行动和成长便有了准则和方向。是浑浑噩噩误人子弟,还是兢兢业业教书育人?是照本宣科,还是以研究的心态做教师?是只围绕着分数精耕细作,还是分享给学生一些对人生有用的东西?这些问题的答案不言自明,并始终有一条核心主线贯穿,即以人为本、尊重生命。而信仰是某种规范,是一个人的信念、原则、追求,是"信而仰之"。教育信仰需要坚守。

教育是一场遇见,更是一场修行。教育就是从学生出发,去"发现学生"。这不得不让我们反思,教师的作用是什么,教育的使命是什么，教育的中心在哪里，我们应该培养什么样的人，如何培养人。教育面对的是鲜活的生命，而生命需要爱的滋养。每个人的信仰不尽相同，教师的教育信仰也因教师的性格、认知不同而具有主观性。但无论如何，所有的教育信仰都归于对教育事业的执着与对学生的爱。真正的教育信仰是持续不断的，贯穿教师教育活动的始终。它使教师不因在教育过程中遇到困难而退缩。教育是需要信仰的事业。

坚定的教育信仰能促进教育目标的实现。教师的教育信仰决定了教师的思想水平，什么样的思想产生什么样的行为，因此，教师的教育信仰对学生成长有着深远影响。教师如果对教育的本真理解不到位，在工作中遇到问题时，教育行为就会出现偏差，教师难以履行自己的工作职责，甚至把工作、生活中的不良情绪带给学生，影响学生的学习态度和学习热情。坚定的教育信仰为实现教育目标提供价值与理念支持，让教师真诚对待每一位学生，使学生朝着既定的目标不断努力。

教师的职业幸福建立在教师工作的成就和意义上。当教师觉得工作有意义时，就愿意为之努力付出。当桃李满天下、同事和谐、学校不断发展时，教师内心也会充满幸福感。对教育工作意义的认识会受到教育信仰的影响，积极的教育信仰会产生积极的教育行为。当学生按既定目标健康成长时，教师也会收获职业幸福感；当出现被他人误解、学生教育效果不理想等问题时，教师不会因这些问题产生困扰而把不良情绪带到工作中去。

教育信仰是教师在教育实践中基于对教育本质、教育活动、教育价值等深层次教育问题追问基础上形成的对教育的理想和信念，是教育价值、教育思想的回归和对教育事业的热爱，是超越教育实践的心理状态和精神诉求，也是对外在行为与内在精神的双重超越。积极的教育信仰对教师成长、学校发展、学生培养等具有重要意义。

雅斯贝尔斯曾指出，教育需要信仰，没有信仰就不称其为教育，而只是一种教学技术。朱自清也说过，教育者须对教育有信仰，应努力成为以教育为信仰的人。纵览古今中外，真正的师者无不对教育事业怀着崇高的使命感和强烈的认同感，为了追求真理而上下求索。被称为"教育思想界的泰斗"的苏霍姆林斯基为学生倾注了毕生的心血，几十年如一日，每天早晨5点就起来写《教育日记》，孜孜不倦地钻研教育理论，注重理论与实践相结合，不断研究教育问题，提出自己的观点并做出理论概括。

教育承载着国家和民族的希望，而教师是实现这一希望的重要载体，因此，教师对教育持有坚定的信仰和信念是至关重要的。有信仰的教师，就如同发光的灯塔一样，指引学生向上、向善、向前。时代在变，教育形态也在变，然而，不论社会如何变化，真正不变的，就是我们对于教育的信仰。作为人类灵魂工程师的教师持有正确、坚定的教育信仰，我们的民族才会充满希望。

先看一下这两份清代考生名单,哪份名单上的人是我们更为熟知的呢?

第一份名单:傅以渐、王式丹、毕沅、林召堂、王云锦、刘子壮、陈沆、刘福姚、刘春霖。

第二份名单:李渔、洪昇、顾炎武、金圣叹、黄宗羲、吴敬梓、蒲松龄、洪秀全、袁世凯。

第一份名单上的人都是清朝科举状元;第二份名单上的人都是当时的落第秀才。对大部分读者来说,第一份名单上的人是陌生的,相反第二份名单上的人却大多为今人所知。

第一节　来自一线的学情报告

我们来看几个真实的例子。

A. 18 岁考入北京大学物理系,本科毕业后进入美国爱荷华大学物理与天文系攻读研究生,28 岁通过答辩获得博士学位……

B. 初中体育成绩优异,凭借长跑特长,进入重点高中,高一时七门功课不及格,从学校退学……

C.4岁成为申奥形象大使；4岁学习钢琴，师从中央音乐学院著名钢琴教授；8岁学习书法，师从清华大学教授；10岁加入国家冰球队，后留学美国⋯⋯

看了上述三个案例，有的人可能羡慕A，有的人可能羡慕B，有的人可能羡慕C。确实，从上述教育经历来看，他们无疑都是令人艳羡的对象，但是他们后来的发展迥然不同。

1991年11月1日，就读于美国爱荷华大学的中国博士留学生A在校园中射杀数人。这个事件在当时震惊了中、美两国，也引起了一场关于青少年心理健康教育的讨论。

B于高一时在全国作文大赛中夺得一等奖，后因七科成绩不及格而退学，现为知名作家、导演。他曾引起社会关于学校应培养全才还是专才的大讨论。

2013年2月22日下午，一则有关于C涉嫌强奸的消息在网络上疯传，引起了很大反响，C最终被判入狱。

给大家举这几个案例，就是想引导大家进行讨论：我们应该培养什么样的人？什么教育才是学生真正需要的？

我们不妨先来思考几个问题：

（1）我们需要什么样的学生？

（2）我们应该给学生什么样的教育？

（3）对学生最重要的教育是什么？或者说教育的核心是什么？

（4）目前对学生来说最缺失的教育是什么？

网络上有一篇短文，搞笑之余引起我的反思。

小学老师："你要是不好好学习，将来就考不上初中。"

初中老师:"你要是不好好学习,将来就考不上高中。"

高中老师:"你要是不好好学习,将来就考不上大学。"

大学老师:"你要是不好好学习,将来就找不着工作。"

老板:"你在学校的时候是不是光顾着学习了……"

人是唯一有价值观的动物,"德"就是价值观。我们来解构"德"字:左边是一个双人旁,与行走、行为有关,右边中间有一个大眼睛,下面是一个心脏,最上面的一横一撇代表正,目正、行正、心正,就是德。眼睛代表有理想,看得远;行走代表有本领,去行动;心代表的是有担当,心怀祖国。有理想、有本领、有担当,是对立德树人最好的阐释。在经济社会飞速发展的今天,视野越开阔,多角度思考问题能力越强的学生,面对未来也就越自信。

第二节　学生的素养

穷养富养,不如教养(素养)。当"穷养儿子富养女"像一首流行歌曲一样,在许多年轻的父母口中传唱的时候,恐怕它也会像流行感冒一样,给家庭教育造成隐患,甚至将孩子引向歧途。一个生在富人家的儿子,父母不会让他像穷人家的孩子一样,过着半饥半饱的日子;而一个生在穷人家的女儿,父母也不可能让她像富人家的孩子那样,过着衣食无忧的生活。那是不是穷人家的儿子就会比富人家的儿子抗挫折、有出息,富人家的女儿则比穷人家的女儿能经得起诱惑呢?其实,只要翻开古今中外的历史,看看那些伟人或卓越者就知道,他们的成功并不是穷养与富养的结果,而是教养使然。

那么，什么是教养呢？

教养，是一个人从年幼之时便开始学习掌握的种种待人接物的艺术，是一把把立身处世的尺子，是一定要明白的最基本的"是"与"非"的标准，是必须懂得的事理和常识；教养，能从一个人的一举一动中表现出来，是一个人的生命之曲中最动人的旋律；教养，是一个人内在的良好的品格修养映射于外的优雅和从容之美。一个人最重要的教养、最核心的能力，不是他所掌握的知识的广度，而是他的判断力和精神高度。所以，当一个人拥有了良好教养的时候，必然能举止合范，进退有度，在取舍之间能把握好分寸。有教养的人，知道自己应该怎样面对未来，知道如何找到提升自我的阶梯；有教养的人，在成功之时，亦可以喜不自胜，但不会得意忘形；有教养的人，在失败之时，可以黯然神伤，但不会意气消沉；有教养的人，为官为富为贵，不会泯灭良知，不失恻隐之心；有教养的人，身为布衣匹夫，依然会傲骨凛凛；有教养的人，虽然不一定能做到"随心所欲而不逾矩"，但能"吾日三省吾身"，在犯了错误之后一定会从自身去找症结，而不是怨天尤人，百般推脱责任。

大千世界，众生万象，要说人之区别，在于思维有差距，教养有深浅。有这样一则小故事。将一棵树做成桶，思维不同的人会做成不同的桶：有高级思维的人将其做成酒桶，众人品着；有中层思维的人将其做成水桶，众人用着；有低级思维的人将其做成粪桶，众人躲着。同一棵树，制作者的思维层次不同，创造出的价值意义就天差地别。人生亦如此，你有什么样的思想观念和教养，过的就是什么样的生活。普通的人改变结果，优秀的人改变原因，而卓越的人改变思维模型。教养，不是富贵人家的专属，也不是贫穷人家的私藏，而是每个家庭、父母或教师都能送给孩子的无价之宝，是为孩子打造的一盏智慧之灯。若孩子生于贫穷之家，拥有了良好的教养，就知道自己应怎样立足现实和发展自我。若孩子生于富贵之家，拥有了教养，就知道应怎样利用自己的优势开拓未来。

翻看中国历代智者教子的贤言慧语，不管是司马光、诸葛亮，还是曾国藩，都为中国的家庭教育点燃了智慧明灯，特别是诸葛亮的《诫子书》，更是写得语重心长、言简意深："夫君子之行，静以修身，俭以养德。非淡泊无以明志，非宁静无以致远。夫学须静也，才须学也。非学无以广才，非志无以成学。淫漫则不能励精，险躁则不能治性。"《诫子书》中虽然有一个"俭"字，但绝不是"穷养"的意思，而是节俭、俭朴的意思。"俭"是一个人永恒的美德，不管他是穷人，还是富人，不管是男性，还是女性。

教养，是培养孩子成人的核心，是教育孩子成材的基础，是一个让孩子在身心等方面得以全面发展的系统工程。只想通过穷养或富养的捷径，剑走偏锋，看似奇巧，自以为可以出奇制胜，结果往往事与愿违，甚至会功亏一篑。教育孩子的确是一门科学，不是穷养与富养所能涵盖的，这是一种人生智慧。培养有教养的学生也是教师的责任所在，所以立德树人成为我国教育的根本任务。学科教育、学科教学落实立德树人的根本任务，最为重要的抓手就是培养学生的学科核心素养。作家笛安曾说过，教养就像血管一样，可以盘根错节地生长在一个人的血肉之躯的最深处，不可分割。真正有教养的人，心是平和的，情是真切的，懂得世界是自己的，也是他人的。学校要和家庭、社会一起,培养学生的家国情怀以及立身、处世、乐生三种能力。立身能力最基本的是"学"和"思";处世能力最基本的是"善"与"爱";乐生能力最基本的是"健"和"美"。如果这些能力都具备了,基本的教养就具备了,核心素养也就得以搭建和发展。拥有正确的价值观、责任感和规则意识,也是一个人追求幸福生活所应具备的最基本的素质。

第三节　教育资源的多元供给

在这个飞速发展的时代,学校和教师拿什么来吸引学生呢?

学生厌学已经成为制约教育持续性发展的瓶颈,因此应重视提高教育吸引力的问题。

厌学,在一定程度上讲,是个情感问题,而情感问题只能用情感手段解决。如果对学生说,"你凭什么厌学? 现在学习条件多么好,你身在福中不知福。你必须热爱学习,否则就批你、罚你,看你还敢不学习",这样能解决根本性问题吗? 最多能使学生不得不做出学习的姿态,而心里对学习的反感却与日俱增。命令学生爱学习和命令一个人爱另一个人同样不现实。爱是不能强迫的,无论对象是谁。要想让学生主动学习,用强迫的手段可能有短期效果,但要想让学生爱上学习,只有提高学校自身的凝聚力、号召力、吸引力,提高学习本身的吸引力,提高学生的内驱力,别无他途。然而,现在要使学校对学生具有吸引力却是一道难题。20世纪60年代,大多数学生是很喜欢学校的。为什么? 因为上学比在家舒服,如果不上学,农村的孩子要去找鸡食、打猪草,城里的孩子要干家务、搞副业、哄弟弟妹妹,都没有上学轻松。现在这样的情况已经不多见了,孩子在家,冰箱里有许多好吃的,电视里播放许多好节目,还可以玩游戏机、打球、闲逛,自由自在,坐有沙发,躺有软床,睡觉直到自然醒。以前学生比较爱上学还有一个原因,他们在学校能听到许多新鲜事,满足好奇心。那时大众传播媒介很不发达,电视是少数人的奢侈品,电影也不容易看到,录音机、录像机也很少见到,于是老师讲的课就成了他们了解外面世界的重要信息源。可以说,那时的老师不需要多博学就可以吸引学生的注意力,对学生来说什么都是新鲜的、陌生的。记得苏联电影《乡村女教师》中有这样的镜头,那是十月革命前,女教师瓦尔瓦拉只对孩子们说"我要告诉你们风是从哪儿来的,为什么会下雨——"就着实把一群小家伙吸引住了。现在老师只说这些能吸引学生注意吗?如今是信息爆炸的时代,学生通过各种媒体了解了大量信息,许多教师常常被学生问得哑口无言,有的教师甚至不允许学生提问,以维持自己表面的知识优势,这更造成了学生对学校的不认可。

纵观历史,未来的学习一定是多样化的。例如,每个学生都可以针对自己的学习需要、性格特点、兴趣爱好等来选择学习的进度和方式——自适应学习;学生在跟电脑学习软件互动的过程中、在线上学习的过程中,不断对问题进行诊断和反馈,选择最适合自己的学习内容——迭代性学习;带着问题去学习,在解决问题过程中运用不同学科的知识,培养解决问题的能力——体验式学习。未来的学习注重孩子的体验,使其在体验过程中获得理念,获得知识,获得能力。

现在有无数强有力的"对手"铺天盖地而来,在和教师"争夺"孩子的注意力,教师处于明显的劣势地位。教师讲课再生动,生动不过说相声，生动不过动画片，生动不过电视连续剧，生动不过那些歌星舞星，生动不过足球赛、篮球赛，生动不过游戏机里的打斗攻防。教师再博学，也没有办法把所有的科学知识转化成游戏和故事展现在课堂上。相比之下，这越发凸显出了教师传授给学生的东西的枯燥乏味。学生在新媒介的不断"进攻"中，对强刺激越来越麻木，更何况老师喋喋不休的弱刺激？如此说来，教师再度陷入了尴尬的处境。怎么办？如何打破这僵局？

倘若教师不提高自身素质，不发挥学校教育的独特优势，还照老办法"念经打坐"，只会越来越被动，越来越糟糕。社会在进步，时代在变化，对教师的要求在不断提高，"老皇历"看不得了。那学校的真正优势在哪里？可开发的教育资源在哪里？教师手里还有"王牌"吗？其实教师有绝对的优势，那就是教师的人格魅力、良好的师生关系和创造性学习方式。教师热爱生活，充满热情，品德良好，做事公正，业务能力强，善于体察学生的心，真正做学生的朋友，那么每个教师都会被学生爱戴。学生爱教师，教师也爱学生，就形成了真正的感情互动，教师留给学生的印象才是终生难忘的。人都渴望交往，学生也是如此。在人与人面对面的交往中，通过共同活动增进情感交流，学校达到的效果是任何场所不能比拟的。我们发现许多学习困难的学生仍然喜欢上学，只因为那里有朝夕相处的伙伴，有下课十分钟的互动交往，有多姿多彩的教学场景，有多元的课程分享，有在线学习、文化体验、社会观察、研究性学习等。这些都应该成为学校吸引学生注意力的重要资源。如果我们的教育教学活动生动、有趣、贴合学生实际，如果我们在学校组织许多符合学生心理特点的活动，肯定可以让学生喜欢学校,爱上这片教育的热土。

学校应该是向学生传递知识、技能、态度和价值体系的重要场所,也是学生个体实现社会化的重要场所。学生要在这里学会生存、学会交往、学会做人,要在这里充满能量、拔锚起航,要在这里承担起守护民族文化和精神家园的历史重任,成为民族振兴、担当天下的社会栋梁。如此,学校首先应该成为学生活动的乐园,成为学生向往的地方。在学习活动中,情感的作用是非常重要的,学生只有喜欢学校,才会喜欢学习。让充实的学习过程,充满思维的乐趣、创造的乐趣、自我实现的乐趣,是很有意义的。创造性学习是厌学的最佳解毒剂,可以让学生体验到自我价值实现的快乐。自我实现带来的快乐是最高级的快乐,它是建设性的快乐,会使一切享受型的快乐(如看电视)黯然失色。学生体验到这样的快乐,才会爱上学校,觉得学校是属于他们的,学校才会真正具有不可抗拒的吸引力。

第四节　珍视学生个性成长的窗口期

我们如果尊重学生的兴趣、志愿和需求,他们就会爆发出巨大的潜力。

有人曾经讲过这样一个故事:一把坚实的大锁挂在大门上,一根铁棍费了九牛二虎之力,还是无法将它撬开。钥匙来了,它瘦小的身子钻进锁孔,只轻轻一转,大锁就"啪"的一声打开了。铁棍奇怪地问:"为什么我费了那么大力气也打不开,而你轻而易举地就把它打开了呢?"钥匙说:"因为我最了解锁的心。"

每个人的心，都像上了锁的大门，任你再粗的铁棒也撬不开。唯有关爱，才能让教师变成一把钥匙，进入学生的心中，了解学生的个性特点，打开学生的心门。魏书生说："教育就是帮助人养成良好的习惯。"对此，他提出了一个著名的论断"行为养成习惯，习惯形成性格，性格决定命运"。每一位教师，对于教育的每一个学生，亦是如此，概莫能外。从某种意义上说，习惯也是一种神奇的力量，因为习惯影响行为。在教育实践中抓住这个容易被忽视的本质的东西，通过科学的方法把学生培养成拥有良好习惯的人，那么许多在我们眼里不可思议的事情会变成现实。

诗人纪伯伦曾经感叹："我们已经走得太远，以至于忘了当初为什么而出发。"我们今天的教育是不是也如此，初衷是期待学生快乐幸福地成长，在学生成长的过程中却做出急功近利、拔苗助长的事情？教育的最终目的是培养具有健全的人格、能独自面对社会的人，这应该是教育最根本的目的；然后再帮助学生去实现自我价值，为社会贡献更大的力量。

高中学习阶段是学生的世界观、人生观、价值观形成和升华的重要时期，是其才能凸显、面临人生抉择的关键阶段，对学生的终身发展至关重要。每天面对来自不同家庭、个性不一、心智迥异的学生，对教师来说也是考验。接近成年的高中生一时还很难全面、客观地接受外界信息，往往呈现出认知显浅、思维粗放而心理敏感的特征，世界观、价值观还不成熟，这些直接影响了他们道德认知的发展和学习能力的提高。如何让学生健康成长、学业成才，让正确的道德标准、价值观念沉淀于他们的内心深处，让终身学习理念植根于他们的脑海，使其有爱心、有责任感、有创新精神呢？

真正优秀的人，首先应该有想象力。有想象力，才有可能进行创新思维，这是创新能力产生的基础。创新活动就是从对生活中尚未存在的事物进行想象开始的。爱因斯坦对想象力是推崇备至的——"想象力比知识更重要"。真正优秀的人应该有很强的洞察力，能够发现事物之间的规律。真正优秀的人也应该有很好的记忆力。优秀的人，做最优秀的事，至少应做最好的自己。教师要走在教改的前沿，关注学生学习，关注学生活动，关注学生心理，关注学生做人，关注学生全面发展；下大气力研究教育，发掘学生的潜质，努力创造适合学生的教育。多年的教学实践说明：每一个学生都要独立长大，最终成为他自己。教师应当站在学生的立场思考，让他们演好独立成长的"活剧"，而不是天天复制自己，并粘贴到自己的心里。

教育的长效发展决定着国家的未来，学生要在所看、所听、所想、所触、所做的过程中完成学习。教育要直达人心，教师责无旁贷，应为学生创造良好的成长环境。

（1）给学生创造宽松自由的心境。平等对待学生，将微笑和幽默带给学生，让学生在自由、开放、和谐的心境中学习文化知识，同时也为学生个性的自由发展、才智的自由发挥创造条件。

（2）给学生以成功愉悦的体验。教师要爱护学生，尊重学生的需求，使其在愉快、轻松的氛围中树立自信心。

（3）给学生以积极进取的信心。自信心是学生学习成功的基础，一旦失去了自信心，人的精神世界就会瓦解。一般来说，当周围的人对一个人提出期待和希望时，这个人会不自觉地依照别人的期待，对自己的行为提出较高的要求。"只有当你说他好时，他才会好起来。"欣赏每一位学生，是教育的关键。正如苏联教育家索洛维契克在《谈自信》中所说的那样，"如果一个人自以为是美的，他真就会变美；如果他心里总是嘀咕自己一定是个丑八怪，他果真就会变成尖嘴猴腮、目瞪口呆，生出一脸猴相"。

（4）给学生以自由想象的空间。留白艺术是"接受美学"理论体系中关于文学艺术作品审美欣赏的一个概念，意思是说，作品要给读者留下联想和再创造的空间，读者可以透过已明确交代的内容去想象，从而获得对作品的更深层次的理解和把握。教学是一门科学，也是一门艺术，要留有"空白"以便学生开发和利用。教师要为学生提供让心灵自由的空间，激发他们的热情、灵感和创新精神。所以，在教学时，教师要应注意适当、适时地"留白"，从而给学生以消化、吸收、发现、发明的广阔空间。

（5）给学生以讨论争辩的自由。教师与学生的关系不是简单的管理与被管理的关系，而应是一种民主、平等的合作伙伴关系。教师应当把学生当作独立的个体看待，唯有如此，师生之间才能进行有效的多向交流和合作，才能唤醒学生的主体意识，才能使学生有心灵的自由。教师在课堂上也应发扬教学民主，给学生以讨论争辩的自由，在教学中改指令性的单向"强迫"为师生研究性的双向交流，构建起教师宏观调控下的学生各抒己见、畅所欲言的教学模式。这种民主化的讨论和争辩，一方面能让学生充分发表自己的见解和观点，另一方面也使学生在对各种见解和观点的比较鉴别中，培养思辨能力，树立正确的价值取向，完善人格。

（6）给学生以挑战权威的勇气。绝对权威或个人专断的教育环境和教学气氛，易导致奴性人格，摧残学生的创新精神。教师必须让学生破除盲信，即对权威、古人、洋人、书本和教师的崇拜，这是解放学生、使学生心灵自由的首要条件。在教育教学过程中，教师要能容忍学生对自己的"质疑或批判"，不扮演高高在上的权威角色，而是俯下身来与学生平等探讨，把学生看作独立完整的人予以尊重。在学生说"不"时，给他们一个真诚的微笑，从而给学生以尊重和信心，唤起他们的主体意识，有效地激发学生挑战权威、挑战书本、挑战教师的勇气。

（7）给学生以自我表现的舞台。课堂属于学生，是学生展现的舞台。触发主体意识、积极思考、发现新知识、产生新见解，正是这一舞台的作用。因此，教师应摒弃"我讲你听"的单向型、注入式教学模式，鼓励学生参与教学活动，让他们有自我表现的欲望，让课堂迸发出思想的火花。

（8）给学生以自我教育的机会。人非圣贤，孰能无过？教师使用错误的方式对待学生的错误，才是最大的错误。在学生犯错时，教师应学会用迂回、冷却的处理方法，避开学生的短处，抓住学生的长处，在学生等待训斥的紧张时刻，出人意料地加以侧面表扬，促使学生在赞许声中主动进行自我反思和自我教育，这才是攻心上策。这样做既避免了令师生关系恶化的尴尬局面的出现，又激活了学生积极向上的进取心。这正是教育的智慧。

成功的教育，就在于培养了一代代有强烈的社会责任感的人。有责任感才有创造力，才能为社会做出贡献。教育不仅仅是传输知识、锻炼技能，还应是教化，以人育人，使人的品德、气质、精神"止于至善"。一个人对社会、对父母、对亲朋好友,要永存感恩之情。感恩不仅是一种情感,更是一种人生境界。

第五节　助力学生做最好的自己

什么是教育?教育就像养花,一边养,一边看,一边静等花开。急不得,躁不得,快不得。所以,有人这样说,教育的过程,就是静等花开花落的过程,拔苗助长只会贻笑大方。更有人这样形容教育过程:牵着蜗牛去散步!

教育从来不是一个开始,也不是一个结果。它是一个漫长的如履薄冰的过程,跋山涉水,无限风光在险峰。"聪明的学生不用教,懂事的学生不用管,主动的学生不用催,会学的学生不用灌。"那么教育能做些什么呢?其实教育不过是培养学生"两种本领":一种是本分,一种是本事。做人靠本分,做事靠本事。第一种就是教育学生应该怎样生活,怎样做人。"德"为立人之本,要把品德教育居于第一位,也就是教他们学会去爱,爱家人、爱同学、爱老师,爱社会上所有和他接触的人。对学生进行品德教育是非常重要的。要时刻守住道德的底线——遵纪守法、珍爱生命。所以,也应关注学生成长过程中的心理教育和身体教育,使他(她)的身心健康。教育,是一门分寸感很强的艺术。生命是脆弱的,需要倍加呵护。呵护只有把握好分寸,才是至爱,否则就有可能成为溺爱,也可能成为伤害。教师要对学生有的放矢地进行分类教育,因为其家庭背景是不同的,有父母离异的,有父母很忙把孩子交给阿姨的,也有让孩子住校的,等等。教师要根据他们自身的特点,对他们进行有针对性的引导,让他们热爱生活。还要注意学生各方面能力和意识的培养,如创新意识、创新精神、创新能力、组织能力、合作能力,激发他们对学习的兴趣,有批判性思维、质疑的能力。

《国家中长期教育改革和发展规划纲要(2010—2020年)》也进一步将"坚持以人为本、全面实施素质教育"确立为教育改革发展的战略主题。因为"培养什么人,怎样培养人"的问题关乎教育的价值起点,关乎国家的教育能否真正起到解放人、发展人的作用,关乎人类能否在教育中真正实现自我、完善自我。

怀特海在《教育的目的》一书中指出,学生是有血有肉的人,教育的目的是激发和引导他们的自我发展之路。这是解决"培养什么人"的问题。接下来,是解决好"怎样培养人"的问题,这也是一个富有挑战性的命题,复杂而又深奥。或许,现在我们不能对这个问题给出完整而又肯定的答案,更不可能给出固定的教育模式,但教师应将"以人为本""立德树人"融入教育活动中,并完善育人制度。

教育不仅需要激励手段,还需要抑制手段。表扬和奖励是具有正面激励作用的教育手段,批评和惩罚是具有正面抑制作用的教育手段。当然,批评和惩罚不是教师的权利或权力,仅是教师教育学生的方法和工具,是为了促进学生健康成长的一种需要。

教师要教会学生用思辨的眼光看世界。英国一位教育家说:"英国的教科书说英国最伟大,法国的教科书说法国最伟大,应该让学生都读这两种教科书。"有人反驳道:"那学生到底信谁呢?"教育家回答说:"读完了书,学生不信谁了,教育便成功了。"这里的"信",是"迷信"的意思,不信谁,就是不迷信谁,不迷信书本,不迷信权威,不断增强分析、辨别和判断的能力，相信自己，有自己的见解，越来越懂得用自己的眼光审视世界，用自己的真心来感知世界，用自己的思维来思考世界，做真正的自己，这才是教育的价值所在。

朱永新教授曾说："谁站在教室里，谁就决定新教育的品质，甚至决定孩子的命运。"教师的水平决定了教育的质量。每接一届新生，我都会讲四个故事，期望学生体味最深刻的教育。

生命的价值

在一次讨论会上，一位著名的演说家手里高举着一张20美元的钞票，问："谁要这20美元？"一只只手举了起来。他接着说："我打算把这20美元送给你们其中的一位，但在这之前，请准许我做一件事。"说着他将钞票揉成一团，然后问："谁还要？"仍有人举起手来。他又说："那么，假如我这样做又会怎样呢？"他把钞票扔到地上，用脚碾它。此时，钞票已变得又脏又皱。"现在谁还要？"还是有人举起手来。"朋友们，你们已经上了一堂很有意义的课。无论我如何对待那张钞票，你们还是想要它，因为它并没贬值，它依旧值20美元。人生路上，我们会无数次被逆境击倒，甚至丧失信心。但无论发生什么，我们永远不会丧失价值。"

生命的价值取决于我们本身！我们是独特的——永远不要忘记这点。

昂起头来，真美

珍是个总爱低着头的小女孩，她一直觉得自己长得不够漂亮。有一天，她在饰品店买了一只绿色蝴蝶结，店主赞美她戴上蝴蝶结很漂亮。珍虽不相信，但是挺高兴，不由昂起了头，急于让大家看看，出门与人撞了一下都没在意。珍走进教室，迎面碰上了她的老师，"珍，你昂起头来真美！"老师爱抚地拍拍她的肩说。那一天，她得到了许多人的赞美。她想一定是蝴蝶结的功劳，可她在镜前一照却发现，头上的蝴蝶结不知什么时候不见了。自信原本就是一种美丽，很多人却因为太在意外表而失去了很多快乐。

无论是贫穷还是富有，无论是貌若天仙还是相貌平平，只要你挺胸抬头，自信会使你成为最美的人！

会"飞"的蜘蛛

一天，我发现，一只蜘蛛在后院的两房檐之间结了一张很大的网。难道蜘蛛会飞？要不，从这个檐头到那个檐头，中间有一丈余宽，第一根线是怎样拉过去的？后来，我发现蜘蛛走了许多弯路——从一个檐头起，打结，顺墙而下，一步一步向前爬，小心翼翼，翘起尾部，不让丝粘到地面的沙石或别的物体上，爬过空地，再爬上对面的檐头，高度差不多了，再把丝收紧，循环往复。

蜘蛛不会飞，但它能够把网结在半空中。它是勤奋、敏感、沉默而坚韧的昆虫，它的网织得精巧而严密。这样的蜘蛛，使人不由得联想到那些沉默寡言、深藏不露的智者，奇迹往往是执着者创造的。

信念是一种无坚不摧的力量，当你坚信自己能成功时，你必能成功。

天道酬勤

曾国藩是中国历史上最有影响的人物之一，然而他小时候并不是个聪明的孩子。有一天，他正在读书，把一篇文章不知道读了多少遍，还是没有背下来。这时候他家来了一个贼，潜伏在屋檐下，希望等他睡觉之后偷点东西。可是等啊等，就是不见曾国藩睡觉，他还在背那篇没背下来的文章。终于，贼人大怒，跳出来说："你这种水平还读什么书？"然后将那篇文章背诵一遍，扬长而去！

贼人很聪明，至少记忆力比曾国藩好，但他只是贼，而后来曾国藩却成为晚清中兴四大名臣之一。"勤能补拙是良训，一分辛苦一分人才。"

通过这四个故事得到教育的不仅有学生，还有教师。教师同样需要认清自己的价值，要有自信，要执着，要勤奋。除此之外，教师还要有教育机智。教育机智是教师在长期的教学工作中不断总结、反思自己的教学活动而形成的一种教学修养，是教师的人生阅历、文化修养、个人学识长期积累后自然形成的，是一门关于教学的艺术。教育应以人为本，以学生发展为本，创设情境，激发学生学习的兴趣，把养成学生自主探索行为作为培养创新精神和创新能力的手段和途径。传统的教法，用统一的答案去要求不同的学生，常常把一个个富有鲜明个性而又不乏创造性的答案扼杀在萌芽状态，因此，教师必须潜心钻研，发挥教育机智。

高中三年，是学生最美好的青春时光。这三年应如何规划，要做些什么呢？以下18件事，可能会对高中生活产生好的影响。

（1）至少读50本好书，这些书要涉猎10个领域以上。在每个领域中，要至少精读一本经典的代表作。阅读使人变得智慧！

（2）去做一名志愿者，长时间去帮助一个人，如有困难的同学、残疾人、贫困者、孤儿、失学儿童、务工人员子女、老年人、慢性病患者。

（3）养成每天做一件自己认为有意义的事的习惯,例如帮助别人,要明白为什么这件事情是有意义的,它对自己、对他人、对社会的意义何在。

（4）至少认真完成一项研究,可以是科学、历史、社会、艺术、经济等领域,试着发掘自己的潜能。

（5）至少交一个外国朋友,并通过他或她尽可能多地了解其国家。外面的世界也许更精彩。

（6）至少发表一篇文章,可以发表在报纸杂志上,或发表在学校编印的论文集、作文集里,也可以建一个博客网站。它是你中学时代的记忆,是里程碑和纪念碑。

（7）至少获得一次(比较重要的)奖励,如在学习、体育、艺术、社会服务等方面获得奖励。

（8）至少参加一个社团,并努力使自己成为这个社团的积极分子或骨干;或参加一项学校活动,并在参与过程中为自己留下值得回忆的东西。

（9）至少培养一项体育爱好,这项体育爱好是你准备终身坚持的。

（10）培养一种艺术爱好。至少确定一个艺术欣赏领域,如研究、持续关注某一位艺术家的作品。

（11）至少开拓一个新的兴趣领域。你可能原来就有一些兴趣领域或者特长,但是建议在高中三年至少再拓展和开发一个新的兴趣领域,新开辟一个新的学习领域,或学习一项新技能,比如棋牌类、艺术类。

（12）去打一个月的工,像正式的工作人员一样按时上下班,尽职尽责，以此规划职业生涯。

（13）至少设计一项发明，尽管可能不成功，或不能制作出实物产品，但是要有完整的设计思路。

（14）做一次挑战自我的事情，创一项自己的纪录，例如远足或是做一件自己不曾做过的事情（违法乱纪的事情除外）。

（15）选择一个人，深入了解他的生活经历或生平（或研究一个历史人物，可以和其他项目结合来做），可能的话，为他写一篇传记。这个人可以是亲友长辈，也可以是同龄人或有特殊经历的人。这会使你通过研究他人的经历来洞察一个人的思想和心灵世界，感悟人生智慧。

（16）养成长期观察和做记录的习惯（不一定要做研究，可以仅是积累）。记录的内容可以是社会现象、自然现象等。这不仅是一种研究态度，也是一种记录生命时光的方式。

（17）至少学做四道中国菜肴。中国的饮食不仅是一种文化，也是一种社交的手段和载体，还是一种必要的生活能力，是未来家庭生活不可缺少的技能，会使你的生活变得更加丰富和富有情调。你学会做四个菜就可以请朋友小聚。如果你能做出八道菜，就可以组织"大聚"了。

（18）培养手工制作的情趣或爱好，例如木工、陶艺、收藏、雕刻、编织、纸艺、服装设计裁剪。

如果你在高中阶段完成了这 18 件事，那么你将来可能会成为一个与众不同、会生活、会工作、有修养、有品位的人。教育应培养什么样的学生？我想大家应该有了答案。

教育目的之于教育活动的作用是多方面的。只有确立了科学的教育目的，教育活动才能顺利展开，教育活动才能有方向。教育来源于生活，并高于生活。教育者的所有工作都要扎根于现实生活，对生活的意义进行探寻，抓住一切有利契机对学生进行有意义的指导，正如皮亚杰所说，"教育最主要的目的不在于接受事实，而是培养创造力、想象力、洞察力"。真正的教育，让每一个生命都能绽放独特的光芒，促使每一个人能够全面而有个性地发展。

"那一天，我不得已上路，为不安分的心，为自尊的生存，为自我的证明。路上的辛酸已融进我的眼睛，心灵的困境已化作我的坚定。在路上，用我心灵的呼声；在路上，是我生命的远行……"每当听到《赢在中国》栏目的主题曲《在路上》时，我的心中总会泛起一种莫名的感动。若说这首歌是创业者的人生感悟，那么我们这些教师呢？我们每天行走于课堂之间，也应该"赢在课堂"。但怎么赢，如何赢，才能让我们的课堂人生更加辉煌？

第一节　如何打造高质量的课堂

怀揣着教育的理想，踏入真实的课堂，不停地叩问，不停地思索：今天的课堂应该是什么样子？今天的课堂如何促进学生成长？周彬在《写给明天的课堂》一文中这样描述："明天的课堂可以多一点生活的味道，少一点教学的做作；可以多一点人性的关怀，少一点功利的色彩；可以多一点思想的培育，少一点知识的灌输。"如果说课堂是汲取知识的海洋，那它应该是水波浩渺、气象万千的。可某些现实的课堂，教师的教案中永远有标准答案，师生的思维永远被限制于一个牢不可破的框框里……

　　课堂，是指向过去的世界，还是面向未来的时代？是以人类已经积累的知识为本，还是以人的发展为本？是以单通道方式向学生进行灌输，还是引导学生学会关心、学会学习、学会动手、学会发展、学会探究？每一个答案都是后者，每一个答案都要求我们完成对课堂的改造：变"死"的课堂为"活"的课堂，为学生的生命成长松绑，给予学生宽松和自由的氛围，激励学生发展个性、创新成才。

　　课堂的主人是学生，可我们常常看到教师成为课堂的主角。难道面对前人智慧的精华，教师与学生是不平等的吗？这样的教师角色，体现不出教师劳动的创造本质，也贬低了彼此的生命价值。学生欢迎这样的教师：闻道有先、授业有道、解惑有法。学生喜欢这样的课堂：平等、民主、高效。所以我们一起来变"教师的课堂"为"学生的课堂"，把学生推向前台，让他们担当主角。学习资源和实践机会无处不在、无时不有，况且读万卷书，不如行万里路，"书中乾坤大、笔下天地宽"，书本和实践是不能割裂开的。我们要变"书本的课堂"为"生活的课堂、生命的课堂"，让家事、国事、天下事伴随着风声、雨声、读书声走进寒窗；让书本上的铅字跳跃成大自然的花红柳绿、鸟兽虫鱼；让学生求知若渴的目光穿越过去和未来，关注个体和社会。

　　课堂是师生的一次同向旅行，教师带领学生一起领略沿途的风景，达到理想的圣地。课堂也是教师专业价值实现的地方，是引力场、思维场，是促进学生成长的发展场。教育不是传授知识，而是培养心智。苏格拉底说："教育不是灌输，而是点燃火焰。"回望十多年的教学改革，新课堂变得越来越清晰，那就是充满智慧和幸福的课堂，是让学生感到安全、享受快乐、实现创新创造愿望的课堂。

其实，一堂高质量的课，就是让学生广泛参与、让学生持续受益、让教学充满个性与艺术魅力的课。高质量课堂需具备七个支撑要素：① 为思维和推理"搭脚手架"；② 为学生提供元认知方法；③ 示范高水平的操作行为；④ 对证明、解释或意义进行强调；⑤ 任务建立在已有知识基础上；⑥ 在概念间建立联系；⑦ 有适当的探索时间。细致分析不难发现，教师课堂教学行为设计应关注以下几个方面：其一，教师的课堂教学指导思想是否以促进学生的自主发展为目标；其二，课堂教学内容是否坚持从学生的需求出发；其三，课堂教学方法是否体现学生与教学的主体；其四，教师的素养（包括职业道德、学科知识水平、文化修养水平、教学组织能力、技巧与表达能力、现代教学技术的运用能力等）是否符合教学的基本要求。

以上方方面面都体现了"以生为本"的宗旨。教学重在"得法"，课堂要"活"，训练要"实"，辅导要"细"，培养"要早"。教师一定要"让学"，让学生多发言、多论辩、多思考，从知识传授的演绎式教学向思维和能力培养的归纳式教学转变，注重学生归纳总结、研究性学习的学法指导，正如教育家赞可夫所说，"教会学生思考，这对学生来说，是一生中最有价值的本钱"。

课堂，展示问题。教材只是一个范例，课堂也只是一方阵地，无论是学生还是教师，都可以在课堂教学中展示自己。课堂是暴露问题的场所，要允许犯错，要给学生以倾诉与申述的机会。只有把错误真实地暴露出来，把问题艺术地展示出来，课堂才能多彩，教学才能成为一种"活泼有趣的穿行"。

　　课堂，挑战问题。问题来源于教材，来源于学习者，来源于过程。课堂在呈现问题的同时，也为解决问题提供了可能。在与文本的对话中，学生与老师也进行着积极的互动。如果说由新知识、新能力、新体验孕育出来的新问题是对学习者的一种考验，那么，教学无疑就是一种直面考验、接受挑战的智慧体验。课堂应当有笑声，但课堂更应当有挑战。学习的意义不在于掌握了多少知识，而在于学会了思考并拥有了不一样的体验。

　　课堂，生成问题。指向过去的教学是"呆"的教学，指向现在的教学是"短"的教学，只有指向未来与发展，教学才是鲜活而富有创造性的，集"优、特"于一身。因此，成功的教学不是让学生带着句号走出课堂，而是让他们带着感叹号（成功）与新问号（渴望）走出课堂，在问题中穿梭，在问题中出击，在问题中激发、生成新的问题。从这个意义上讲，课堂是自由的、开放的，是一个让诗意与智慧伴随着创造的火花的炉膛。如果我们的课堂都把"有问题"的学生"扎扎实实"教化成"没问题"的学生，那么，我们的教学将是徒劳与可悲的。课堂不是让学生接受一个又一个正确的结论，而是要让学生经历一个个认知和思维的过程。不能生成新问题的课堂是窒息的课堂，不能孕育新问题的教学是迂腐的说教。

　　课堂充满创造。它表现为知识与生活相融，知识与应用联系，努力解决现实生活中的实际问题，针对教学矛盾寻找新出路。它还表现为教师对常态知识、事物、教材常有新见解、新视角、新创意，善于平凡中见新奇，发人之所未发，见人之所未见；善于"激疑布惑，教学留白"，给予课堂富有情趣的导入，生成有效的问题，细化宽泛、深层的内容,设计有深度的结尾;善于激发学生的好奇心和创新能力,并能够教给学生创新思维的方法和策略。

　　高质量的课堂能够打破传统课堂满堂灌、沉闷、消极的弊端,防止出现"从满堂灌到满堂问,形式上热热闹闹,本质上高耗低效"的状态。可指导学生精心设置活动专题,开展课堂大讨论,互动交流,合作研究,提升学生的思辨能力。高质量的课堂应走出教材,走出教室,走进生活,走向社会,提倡质疑精神、批判精神,吸取进步的社会主流思想,关注社会的进步发展,帮助学生实现认识能力的飞跃和突破,提高学生的创新能力、评价能力。简单的画画写写、记记背背的教育方式已成为历史,高质量的课堂所给予学生的应是"成人"教育。走出去,我们的课堂是天下,是地上,是千山万水、生态万物。例如,在每年我校组织的研学活动中,学生设计路径,带着问题和思考奔向大自然——山间、原野、大海、河流,用手去触摸,用眼去观察,用脚去丈量,用笔和相机去记录,感受祖国大好河山、如画风光,激发了学生对大自然的崇敬和热爱。通过这些经历,学生了解了地质地貌、江河湖海、植被分布,知道了工业、农业生产特点和一些常见自然灾害的发生与防治。地理老师课余时间组织学生到气象园观测气象数据、预报天气变化;测量校园紫外线,发布预告进行生活提示;节假日协助环保部门对城市河道水系进行跟踪检测;对城市道路交通进行流量评估,提出合理布局、改善交通的建议。这种教学方式让学生的学习充满了挑战,也激发了学生的学习热情。这种方式使知识不再单薄、孤立,而是有内在联系地呈现给学生,拓宽了学生的视野,提高了学生的实践能力,为学生提供了锻炼的机会,让学生从"小成功"中树立信心,在心灵的震撼中得到共鸣、感悟道理、体验成功，真正实现还知识以灵感、给课堂以灵性的宗旨。

课堂不仅是传授知识的场所，还是育人的阵地。教育的目的就是塑造人的思想，培育人的能力。张梅在《给我未来的孩子》一文中写道："当你童年，我们讲英雄的故事给你听，并不是要你一定成为英雄，而是希望你具有高尚的品格；当你少年，我们让你接触诗歌、绘画、音乐，是为了让你的心灵填满高尚的情趣，这些高尚的情趣会支撑你的一生，使你在最严酷的冬天也不会忘记玫瑰的芳香。""伟大的艺术都是在'没有用'的情况下诞生的，比如芭蕾、油画、音乐、小说，一个在教育上讲究'实用'的民族，是一个没有未来的民族。"多学些、干些"没用"的事，在当下的教育环境里，是一种稀奇的鼓励。因为我们太在乎有用性了，比如加分和保送，让"琴棋书画、跑跑跳跳"也有了实用价值。但如果一个人为了某个目标学了一身本领，却享受不到任何乐趣，目标达成的那一刻，也许会发现，这件事其实也挺没用的。

要培养"真善美的全人"不是用三年时间、学几门课就能完成的，但只要学生具有了独立的判断能力、丰富的文化底蕴、开放的视野、创新意识和创造精神，就具备了可持续发展的基础。我们的课堂一直在尝试、在努力。"课堂即生态，教师即条件。"教师80%的作用体现在点燃和唤醒上，还有20%的作用体现为引领—体验—分享。这个"二八作用"告诉我们，课堂上教师的作用是"导"。为此，教师应具备的特质是：和谐、灵动的教学艺术；多变、有效的教育机智；持久、超越的教学能力。教师必须抓牢以下课堂教学环节，赋予课堂强大的生命力。

（1）认识学生，记住他们的名字。

（2）课前准备。

（3）课堂互动。

（4）课堂评价。

（5）课后反思提升。

（6）关注学生学习能力的培养。

有这样两句话，令人颇为感慨和受益：

教者，教情商、教思想、教学习力、教理解力、教思维力、教心智、教精神、教快乐、教幸福，贵以求真。

学者，学玩商、学思考、学情趣、学方法、学创新、学学习力、学生活力、学做人、学快乐、学幸福，贵以谋道。

第二节 自主课堂——学生的选择

两千多年前，孔子提出的"不愤不启，不悱不发"就包含了朴素的自主教育思想。到了近代，大教育家陶行知先生更是明确提出了解放学生大脑、双手、眼睛、嘴巴、时间和空间的自主教育主张。瑞士教育心理学家皮亚杰也提出，知识不是通过教师传授得到的，而是学习者在一定的情景即文化背景下，借助其他人（包括教师和学习伙伴）的帮助，利用必要的学习资料，通过意义建构的方式而获得的。美国心理学家、教育学家布鲁纳依据认知心理学观点提出，教学的根本目标在于使学生尽可能牢固地掌握科学内容。我国的《基础教育课程改革纲要（试行）》指出，"倡导学生主动参与、乐于探究、勤于动手，培养学生搜集和处理信息的能力、获取新知识的能力、分析和解决问题的能力以及交流与合作的能力"。所以，教师应在不断反思自己的教学理念和教学行为的过程中，加强研究学生学习的规律和方法，探究、实践先进、科学的教学模式、教学策略，改进课堂结构，努力把课堂的主体和学习过程（更重要的是思维过程）还给学生，真正体现出课堂教学的价值和作用，构建自主优质的课堂。应鼓励学生走上讲台，把文字读出来、讲出来、演示出来、记录下来，把文本演绎成思想，让科学、先进的课堂文化引领课堂发展，还课堂以原本模样。

自主课堂，尊重了学生的主体地位，培养了学生的自主性、能动性和创造性，符合素质教育的要求，体现了学生的自主学习意识与教师的自主教学理念。自主课堂是教师和学生交往的一面镜子，是生态课堂。

在自主课堂上，有思考，有质疑，有讨论，有评判，教师主要引导学生积极主动地参与课堂学习，进行质疑、调查、探究等活动，使学习成为在教师指导下主动的、富有个性的过程。课堂努力做到"两个尊重"，即尊重知识的发生、发展规律，尊重学生的认知规律；把握"两个度"，即思想高度和文化厚度。这样的课堂，是师生人生中美好的记忆，是不可重复的生命体验。通过自主课堂的构建，在教学过程中真正落实"以生为本"的新型教育理念，能对学生的个性培养起到积极的促进作用，这才是教育的初衷和根本。

社会变革时期，人要有终身发展的能力。终身发展的开放性需要人能够自主学习，而"自主"最为核心的前提是具有健全的自我。教师应该从新的学生观、教师观、学习观、师生观、课程观、教学观和评价观等方面构建有效课堂教学理念，还课堂于学生，树立全面教育观，促进学生思维发展,为学生的终身发展负责。

第三节　高效课堂——荟萃特色经典

高效课堂是一种全新的教育理念,也是一种教育责任、一种教学实践模式。高效课堂就是师生用最短的时间取得最大的收获。高效课堂的关键是课堂创新,使学生在课堂上能收获知识与快乐。高效课堂立足于"学会、会学、乐学、创学",不断优化课堂结构,让课堂充满活力,轻负担,高效率;信息量大,知识含量高,情感培育,真正触及学生的精神世界。

(1)理解高效课堂的内涵。高效课堂的核心是培养学生的学习能力。高效课堂追求"四维目标",即让学生"学会、会学、乐学、创学",激发学生学习兴趣,培养能力,形成智慧。通过改变课堂教学方式,发挥40分钟的时间效能,向课堂教学要质量。打造"低耗高效"课堂,减负增质,减量增效,尽可能把学生从应试模式中解放出来,真正意义上实现课堂"质"的提升。

课堂真正的奥秘在于提高学生的学习能力。学生只有会学才能减少对教师和教学的依赖,因而素质教育培养的主要素质就是学习能力。唯有把学习还给学生,才能突出学生的主体地位,让学生更深层次地感受到"我参与,我快乐,我收获"的幸福感。与其教给学生繁杂深奥的知识,不如"交"给学生一把开启知识大门的钥匙,因为学习方法比学习本身更重要。

(2)把握高效课堂的特征。高效课堂的特征是主动性、生动性、生成性。俗话说，"兴趣是最好的老师"，学生学习的兴趣浓了，课堂教学效率自然就高了。在高效的课堂上，学生的学习是自主的，兴趣是高昂的，参与是积极的。这就要求教师有较强的驾驭教材、把控课堂的能力，更高效地设计课堂教学活动，让学生乐学、愿学，学得轻松、快乐。

（3）探寻高效课堂的"灵魂"。好的教学方式必然要让学习者经历"手脑并用"的学习、讨论和实践，唯有此，才能达到深度思考和学以致用的目的。好课应当把"彩"出在学生身上。"相信学生、解放学生、利用学生、发展学生"是高效课堂的灵魂。

课堂最宝贵的教学资源是学生，高效课堂应该首先"立人"。这需要变传统教学关系中的"唯教"为"唯学"，变传统师生关系中的"唯师"为"唯生"，将学生作为教育的根本出发点。发展什么？发展学生的实践能力、创新能力，让学生对学到的知识和技能"带得走""用得上"，具有终身发展能力。

（4）遵循高效课堂的教学原则。高效课堂最重要的教学原则是先学后教，以学定教。学生按照教师提出的要求进行积极的思考或操作，摆脱对教师的依赖。每个学生按自己的速度和方式进行超前学习，学生独立学习在先，教师课堂教学在后。在学生自学的基础上，结合他们学习中暴露出的问题和疑惑教师进行有针对性的教学活动，做到课堂教学以学生为主，充分发挥学生在学习中的自主性、能动性，让学生主动自觉地发现问题、解决问题，提高学生学习的兴趣。

（5）适应高效课堂的教学要求。增加学生说、做、互动的时间，能够最大限度地提高课堂教学效率。高效课堂教学既要有课程内容选择上的广度和深度,还要有课程实施安排上的密度和适度,更要有课程组织落实上的力度和效度。高校课堂教学应遵循"三讲"和"三不讲"原则。"三讲"是:讲重点;讲难点;讲易错、易混、易漏点。这些内容教师应该在课堂上讲解,点在当点时,点在关键处,通过知识传授形成技能,节约时间,提高效率。"三不讲"是:学生已经学会了的不讲;学生通过自己学习能够学会的不讲;讲了也不会的不讲。通过"先学"已经掌握了的内容,再讲只是"费力不讨好"。有一些内容,虽然没有超纲,但是由于太偏,或者由于对学生的知识结构和今后发展没有太大的作用,讲了没有用,甚至易产生误导作用,干脆删除不讲。教师应摒弃那些低效甚至无效的教学环节,多从学生角度设计问题梯度,多让学生参与并表达见解。"三讲""三不讲"原则,符合学生的认知规律和学习特点,围绕学生"思维最近发展区"让教学内容更有弹性,增加学生的主动性,再加上教师的适当引导,加强双边活动,可以使学生真正成为课堂的主人。

人们对于高效课堂一直有着较高的评价,将它称为"知识的超市、生命的狂欢"。高效课堂有两个判断标准:学生的课堂教学参与度和学生思维的开拓性。高效课堂的目的是在有限的时间内实现学生发展的最大化。课堂教学应唤醒学生的主体意识,落实学生的主体地位,促进师生智慧的生成和共同成长,这也是生命课堂的核心理念(生命课堂是一种以生命为中心、一切为生命的和谐完整发展服务的课堂教学)。其不仅能使学生高效获得知识与技能,而且关注核心素养的培育。因此,高效课堂需要不断创新,需要教师富有创新精神,并能进行持续的反思探究。高效课堂是自主的、有情感的、师生相长的、有成功体验的,因此教师必须放手,不要禁锢学生的思维,要激发学生获取知识的主动性和自觉性,帮助学生积极参与课堂实践活动,参与知识产生、发展的整个过程,引导学生带着疑问去学,带着兴趣去学,为追求成功体验去学。高效课堂的实现的关键是相信学生、解放学生、利用学生、发展学生。

那么,我们应该如何组织高效课堂的教学活动呢?不妨如此一试。

1. 课前缜密计划

教师在准备教学活动时,必须解决下列问题:教学目标的确定、教学材料的处理与准备(包括课程资源的开发与利用)、主要教学行为的选择、教学组织形式的编制以及教学方案的形成等。

(1)精选教学内容。教学内容是实现教学目标的载体,教学内容分散,教学过程便不能深入。教学需要教材,教师也应充分用足、用好教材。但是严格来说,教材内容与教学内容其实并不能画等号,因为前者往往需经过适当整合之后才能变为后者。因此,钻研教材是备课的重中之重,教师要善于创造性地理解教材和使用教材,要学会对教材进行整合开发,不仅要用好现有的教材版本,更要积极开发和利用各种教育资源。从学科价值观的高度出发,从学生的学习需求出发,从教材和各种教育资源中精选出教学内容,让学生明白学习内容对于他们成长的价值。心理学家罗杰斯认为,“当学生认为学习内容与自己的目的有关时,就会全身心地投入这种学习中去”。因此,教师要想方设法增加教学内容的趣味性及其与学生生活的相关性,使课堂变得生动有趣、积极向上,并进行适当的信息处理,在有限的教学时间内,用风趣幽默的语言有针对性地答疑解惑,采用高效的教学手段。

（2）教学目标精准。教学目标是课堂教学的核心和灵魂,对整个教学过程有导向、激励、评价的功能,是课堂教学的出发点和归宿,在教学活动中有定向指引作用。它对保证课堂教学有效开展有重要作用,很大程度上影响了最终的教学效果。教师只有明确了教学目标,知道一堂课究竟要解决什么问题、教给学生什么、达到什么要求,才能正确地围绕这一目标进行高效的教学,完成教学目标。要想高效教学,必须根据教材特点来确定教学目标,以便能"集中火力",有的放矢。

（3）有一个安全并开放的教学过程。教学过程是指由若干能够实现预定教学目标的教学环节组成的、有教师的教授与学生的学习双边互动的活动进程。教师应尊重、信任、善待学生,对于学生的问题及时处理,与学生对话交流,注意倾听,求同存异,分享学生成长的快乐;深度展现教师智慧,提出开放性问题,调动学生参与课堂的积极性,使他们会思考、擅表达;设计多元练习、梯度订正、检查反馈的程序和常规,巩固教学效果;巡视课堂,做好个别与集体指导的结合及对话式辅导。安排几个教学环节?每个环节的内容是什么?这个环节所花的时间多长?对以上三个问题,教师必须合理掌控,心中有数。

（4）采用科学的教学方法。教必有法,而无定法。只有体现学科特点、直入人心的教学方法才是高效的教学方法。一节课采用何种教学方法,要根据学生的特点和认知水平来确定,因势利导,因材施教,分层落实。从学生终身发展的角度出发,实践证明,自主、合作、探究的学习方法是有效的。其有助于培养学生的学习能力、团结协作能力,有助于学生对问题的深入、全面的思考,从而发展学生的思维。课程要在教学中生成,教材内容不等于教学内容,大量贴近生活的课程资源都应成为教学内容，因此，实践法、观察法、对话法、学生体验表白法、游戏法都要予以关注和选用，以便实施多种指导性策略，支持学生多种学习风格，推动学生深入探究，让学习真实发生。

（5）梯度设计课堂问题。第一，提出的问题要新颖。好的提问方式可以吸引学生的注意力，促进学生积极思考，引发学生的探究兴趣。因此，教师的提问应有趣味性、挑战性、延展性。第二，设计的问题要有启发性。启发性问题能引导学生主动参与探索，启发学生的思维，从而调动学生的学习积极性。第三，提出的问题要有效度。教师预设的问题要经过深思熟虑，既要有深度又要有宽度，适合学生思考和探究。同时要在预设问题的铺垫下，生成新的问题，在师生合作努力下引发出新的考量，举一反三，让学生养成会思考、善思考的优秀习惯。如果教师提出的问题过于肤浅，学生不假思索就能回答，久而久之会养成学生懒于思考的习惯，这对学习知识和形成技能，都是极为不利的。

2. 提升课堂教学执行力

每位教师都要树立"双全"意识，即面向全体学生、关注"全人"教育。教师要将自己所教学科的价值定位为促进完整的人的全面发展上，"以人为本"，以促进学生"全面、协调、可持续发展"为有效教学的评价重心，达到由重视教学的结果向重视教学的过程转变。

（1）优化课堂教学时间管理。提高教学效率的实质是在课堂上获得最大的教学成效，为此，必须优化课堂教学的时间管理，充分发挥课堂教学的综合效用。首先，要注重制度化学习时间与自主性学习时间相结合。其次，要提高课堂时间使用效率，合理分配一堂课中教师活动和学生活动的时间。教师满堂灌,或是一味地要求学生自主、合作、探究,缺乏正确的引导,都是在浪费课堂教学时间。

（2）准确把握课堂教学节奏。把握课堂教学节奏就是要动静互补,科学调控。教师在讲解内容或引导活动时,要结合学科特点给学生留有相互探讨、积极参与的时间,让他们在活动中理解、消化知识,掌握技能。把握课堂教学节奏应讲究"疏与密"的技巧,对非重点内容、学生自己可以学懂的内容,或让其自学,或以读代讲;而对重点内容,特别是既是重点又是难点的内容,则必须浓墨重彩,认真研读。教学内容简单的,学生自学可以学懂的,或内容比较有趣的,可以快节奏进行;内容比较难的,比较枯燥的,比较抽象的,或是教材的重点部分,则要留出较多时间让学生思考、讨论、交流,老师讲解也要放慢语速,有针对性地引导,让学生来得及消化,并生成问题,反馈信息。教师要张弛有度:"张",时间不可太长,应以学生身心不会过度疲劳为度;"弛",也不可过度,应以不致使学生注意力涣散为宜。

（3）巧妙创设课堂教学情境。心理学家罗杰斯曾指出,一个人的创造力只有在其感觉到"心理安全"和"心理自由"的条件下才能获得最大限度地表现和发展。良好的课堂气氛,有利于调动学生的参与意识、求知欲,培养思维能力,保持积极的学习态度,挖掘学生的潜能。因此,教学过程中要充分发扬民主教学思想,让学生始终拥有安全、自由、开放的心境,无拘无束,敢疑敢问,敢说敢为。从某种意义上说,教学的民主程度越高,学生自觉学习的热情就越高,课堂教学的效率也就越高。课堂教学中,教师应该充分发扬民主精神,融洽师生关系,把爱心带进课堂,把微笑带进课堂,把激励带进课堂,把信任留给学生,把温暖送给学生,形成平等、宽容、相互理解、尊重人格、民主愉悦的氛围。

（4）灵活运用课堂教学技巧。有人说,一个人如果失去了金钱,只是失去一点点;如果失去了毅力,就失去了很多;如果失去了兴趣,那么失去的就是整个未来。那些著名的学者,之所以能够建功立说,就在于他们对某一领域具有浓厚兴趣;那些学习优秀的学生也是这样,正是因为他们对学习有了强烈的兴趣,才会不怕苦累。教师应让学生以旅行者、发现者和创造者的角色进入课堂学习,实现高效教学的目的。

（5）组织学生运用多种学习策略。教师应创设情境给学生以主动施展才能的平台,精心组织各种形式的学习活动,促使学生主动参与课堂教学。首先,鼓励学生自主学习,勤思多问。"学以思为贵。"可以说,但凡有成就的人都善于思索,都有好思的习惯。教师在指导学生学习时一定要注意多启发,多反问,不要包办代替,鼓励他们想问题、提问题、钻研问题。只有学生会思、会问、会学,才有可能与别人合作交流;也只有在学生个体的潜力得到发挥时,课堂教学才能变得有趣、有效。"学生可以没有答案,但不能不会思考。"其次,提倡学生合作学习,取长避短。合作学习是指学生把在学习中遇到的问题放在小组内讨论,寻找解决策略。在小组合作学习、交流中,学生要发言,要倾听同学的意见,要评价,这样,学生主动参与的量和质都得到了提高,主体地位更加突出。再次,引导学生探究学习,完善知识结构。探究学习是指在教师的启发诱导下,以学生独立自主学习和合作讨论为前提,以学生周围世界和生活实际为参照对象,让学生通过个人、小组、集体等多种方式解难释疑,通过自我探究学会学习和掌握科学方法,为终身学习奠定基础。课堂上,教师应为学生创设合作探究的学习氛围，引导学生自主发现问题、独立思考问题，鼓励学生敢于提出不同的主张与见解，从而培养学生的批判性思维、创新意识以及分析解决问题的能力。

（6）使用恰当的评价方法。评价学生是课堂教学中一个必需且重要的环节，是促进学生发展、提高教学效率的有效教育手段。课堂上，不管哪个学生提出问题或回答问题后，总是希望得到教师的肯定与赞扬。因此，教师要学会倾听和等待，在评价语言中要尽可能多一些赏识和鼓励，这样才能充分调动学生学习的积极性、主动性，使学生有被认可的满足感和成就感。教师的一句句激励的话语，唤起了学生心中的憧憬，点燃了学生自信的火花。需要纠错时，纠错方法要巧妙恰当，使学生在纠正错误的同时，能感受到教师对他的真诚和友爱。即使是竖起一个大拇指、一次搭肩或一次击掌等表示肯定的肢体语言都会使学生回味无穷。相反，如果我们一味地挑剔和批评，会让学生变得胆小畏怯，不知所措，或者因为逆反心理而干脆走向反面。教师评价的语言需要适而有度，发自内心，出于真诚，不能公式化、套路化。不论学生回答得好坏，总是按照预先设计好的激励性评价语言，如表扬"你真棒""你回答得真好""老师很喜欢你""你真了不起"，会使学生厌烦。注意，表扬要与学生实际付出的努力相一致，使他们无愧于接受这个评价。所以，表扬要适而有度，只有客观的、恰到好处的表扬鼓励才显得可贵，才能深深地打动学生的心灵，成为学生学习的内在动力。

高效课堂是一种教学理念，也是一种价值追求，更是一种实践模式。教学有法，教无定法，贵在得法，重在创造。名师积累的经验是丰富的，名师的教学魅力也是无穷的,我们可以学习,可以借鉴,可以效法,甚至也可以模仿,但绝不可失去自我。一定要把名师的经验和智慧内化为自己的东西,并在教学中创造性地形成自己的特色,才能教出成绩,教得精彩。

教师要追求特色教育,建设开放化、生活化、个性化、大气、简约而灵动的课堂,致力于帮助学生成长为机智博学、品性平和、心性坚毅的创新人才。没有最好的教师,只有最有特色的教师,一名优秀的教师必然有其特色所在、优势所在、风格所在。一线教师要努力发掘自己的特色,打造特色而高效的课堂教育范式。

附:高效课堂教学评价表

高校课堂教学评价表

评课人: 　　　　　　　　　　　　　　　　　　　　　　　年　　月　　日

评价指标	评价要素	评价标准	权重	得分
学生学习情况 （60分）	结构化预习（10分）	预习有深度,能提出有一定价值的问题	5	
		及时、自主地完成导读单,准确率高	5	
	学习过程（30分）	参与状态:精神饱满,兴趣浓厚,学习状态良好	5	
		思维状态:善于思考质疑,能提出个人观点,见解独到、有价值,并引发同学思考	5	
		自主状态:能独立思考,探究问题有主见,能总结提炼学习所得	5	
		合作状态:组织有序,讨论热烈,同伴协作、帮扶到位,按时完成小组分配的学习任务	5	
		展示状态:大胆自信,表达简洁,答疑解惑正确,征求意见谦虚	5	
		交往状态:尊重同学和老师,清晰表达自己的观点,耐心听取别人的意见,质疑研讨态度诚恳,评价客观公正	5	
	学习效果（20分）	知识掌握:快速掌握当堂所学知识,训练单准确率高,知识目标达成度好	5	

续表

评价指标	评价要素	评价标准	权重	得分
学生学习情况（60分）	学习效果（20分）	方法运用：学会解决问题的方法，形成有效的学习策略，养成良好的学习习惯	5	
		能力形成：发现问题、表述问题、解决问题、综合运用等各方面的能力得到提高	5	
		情感发展：学习过程愉悦快乐，思想情感积极向上	5	
教师导学情况（40分）	导学设计（10分）	学习目标正确，重难点恰当，关键问题把握准确，能根据学习内容合理使用教学资源	5	
		导学案设计实用，体现教学要求；问题有梯度，适合不同层次学生需求；评价及时、客观	5	
	课堂活动（25分）	注重情境创设、兴趣激发，学习目标呈现清晰	5	
		适时、适度指导学生的学习活动，矫正纠错、提炼总结，体现智慧型指导	5	
		指导学生当堂落实问题训练单，且学习效果良好	5	
		课堂环节紧凑，时间调控合理，按时完成学习任务	5	
		评价适时恰当，激励性、指导性强	5	
	个人素质（5分）	教学基本功扎实，知识储备足；能亲近学生，关爱、尊重学生，满足不同层次学生的学习需求，有一定的教学智慧	5	
总体印象		分数合计	100	

第四节　智慧课堂——彰显艺术魅力

智慧课堂的表征是愉悦。具体表现为教学环境和氛围愉悦、轻松，课堂中学生"敞开心扉，激荡智慧，畅所欲言，智情交融"成为常态，学生能不断获得成功的感悟和体验；差异发展的学生普遍能受到尊重，学生的人格和天性被广泛关注与认同，学生对未来充满期望。

智慧课堂的本质是高效。它既能克服传统课堂满堂灌、沉闷、消极的弊端，又能防止新课改后"从满堂灌到满堂问，形式上热热闹闹，本质上高耗低效"的现象发生。课堂的底线是"规范课堂"，较高层次是"有效课堂""高效课堂"，最高层次是"智慧课堂"。智慧课堂的教学效率高，效果好，得到教师、家长和社会的普遍认可。智慧课堂各具特色，没有最经典的，只有更有创意的。

智慧课堂要充满创造性。它表现为知识与生活相融，知识与创意共存。智慧课堂努力解决现实生活中的问题，针对教学矛盾寻找新出路。它还表现为教师对常态知识、事物、教材常有新见解、新视角、新创意，善于平凡中见新奇，发人所之未发，见人之所未见。智慧教师善于"激疑布惑"，促使学生好奇质疑和标新立异，并能够提供给学生创新的方法和策略。

智慧课堂是着重于施教者本身的智慧发展及其有效、创意地从事教学活动，以培养学生的智慧为核心的一种课堂教学形态，是师生教学活动系统生成、整合的充满教学智慧的课堂实践过程。

如果教师只是一味地讲授和分析，学生没有深度思考的时间，这样的教学方式是不可能培养出有思想的人的。随着素质教育的深入发展，越来越多的教师意识到课堂上不应只关注学生的知识、技能、分数，而要给予其人生智慧的启迪。而教师首先应该是充满智慧的人，课堂应该是智慧的课堂，以教师的智慧激发学生的智慧潜能。教师在教学过程中要给学生一些权利，让他们自己去选择；给学生一些机会，让他们自己去体验；给学生一点困难，让他们自己去解决；给学生一个问题，让他们自己去找答案；给学生一片空间，让他们自己向前走。

研究教学就是研究学生，智慧不能像知识那样"教给"，只能在学生成长的过程中自然"生成"。智慧课堂意味着平等融洽，意味着动态生成，意味着生命涌动。在智慧课堂里，教师不再是教材的解读者、教案的执行者,而是善于创设教育情境、充满教育智慧的人;课堂是师生、生生在感情、兴趣、个性思维、人格等方面的交流与互动。学生不断利用原有经验对新的问题做出解释,进行知识加工,从而实现对新的知识、技能的建构。这就是化知识为经验、化经验为智慧、化智慧为德行的过程,是开放性的。教师在课堂中不断调整自己的教学行为,使课程实施由执行教案逐渐走向互动生成,使课堂真正成为受教育者发展的沃土。这离不开教师自身的成长。教师除了要增长学问、掌握课堂的教学艺术外,最重要的是思想的成长。而课堂,则是教师思想成长的土壤。教师要善于在课堂中发现问题、研究问题,把引导学生发现问题、解决问题作为学生思维能力培养的基本方法,切实转变教学过程中以教师的教代替学生的学、以教师的思考代替学生的思考、以教师的做代替学生的做的传统教学模式,不断激发课堂的活力,实现教学相长。

教师的魅力植根于课堂。教学要讲求艺术,艺术来源于实践。在教学生涯中,或许还有很多让你深为遗憾的课堂,但或许它们就是你成长的课堂。因为你的思考还在,你的追求还在。一句话,课堂是一个值得我们好好经营的地方。

第四章
我们要做什么样的教师

　　30年前,有位社会学教授曾让学生到贫民窟调查200名男孩的成长背景和生活环境,并对他们未来的发展做出评估,每个学生的结论都是"他们毫无出头的机会"。

　　30年后,另一位教授对此做了后续调查,发现除了20名男孩联系不上或离世外,剩下的180名中有176名事业成功,其中做律师、医生或商人的比比皆是。

　　这位教授在惊讶之余,决定深入调查此事。他拜访了部分被调查者,向他们请教同一个问题:"你取得成功的最大原因是什么?"结果他们都不约而同地回答:"因为我遇到了一位好老师。"

　　他们口中的老师当时仍健在,虽然年迈,但还耳聪目明。教授找到她,问她到底有何绝招能让这些在贫民窟中长大的孩子出人头地。这位老师眼中闪着慈祥的光芒,嘴角带着微笑,回答道:"其实也没什么,我爱这些孩子。"爱的教育,至高无上;爱,创造力量。

第一节　如何做教师

　　师德为基,师德、师风是教育工作者的灵魂。教师虽然平凡,脊梁却支撑着祖国的未来；虽然清贫，双手却托举着明天的太阳。对应教师的职业幸福感，我们提炼出了教师的幸福观，即"享受工作、取得成功、赢得尊敬、获得发展、精神满足、和睦相处、衣食无忧"。教育是一个封闭的职业，也是一个开放的职业。走向封闭还是寻求开放，完全取决于教师是否愿意和善于将自己激活，"让心灵醒着"。说到底，这是一个涉及生活态度、价值取向和人生观的问题。优秀教师必定有一些区别于普通教师的典型素养，坚守以下教育观点，也许可以让我们成为更好的教师。

（1）好教师，就是能从根本上改变学生的习惯、欲望、素质的教师，其具备鲜活的教育知识和生动的教育实践以及自觉的教育情怀。

（2）在某一个特定的时间和空间，点燃学生理想的火花，不是一件难事，困难的是如何在一个广阔的时空范围内，使这一火花不仅不熄灭，反而越烧越旺。这就需要教师在学生的现实与理想之间筑起桥梁。

（3）意志薄弱是学生学习的大敌，也是将来工作的大敌，因此教师有责任帮助他们克服这一问题。

（4）懒学生、爱拖拉的学生也有不懒、不拖拉的时候。应该想方设法，创造条件，使懒学生勤奋起来。

（5）淘气的学生会有上百次自食其言，会有上百次拒绝良言相劝，会有上百次逃避父母管教，会有上百次敷衍老师。对我们某一次成功的教育来说，只要不是第101次拒绝、敷衍，只要有了一点进步就很不容易了。

（6）不要以为今天强调的东西学生就一定会记住。人无论有多么好的习惯，如果失去了约束和自我约束，还是可能变坏的，如同飞驰的高铁，无论有多么大的惯性，只要停电，总会停下来的。

（7）教师应该成为自己的第一个学生，你让别人做什么，先问问自己愿不愿意这样做；你向学生说什么，先想想自己愿不愿听。

（8）引导学生体验自我放纵、自我原谅的痛苦，从感情上激发其自我教育的欲望。

（9）不能奢望在学生荒芜的心田上撒几粒种子、淌几滴汗水，就能收获丰硕的自我教育的果实。只有日日夜夜、点点滴滴地坚持下去，学生自我教育的步子才会越走越坚实。

（10）要善于因势利导处理教学中的偶发事件，学会用语言、眼神、动作、微笑、气氛和榜样来提高自己的教学水平。

孔子认为能"温故而知新"的人，才可以做教师，意思是，有知识且有判断力的人才能做教师。未来，教师将更为重视学生在非学习领域的发展问题，更注意发挥面对面教学在意义的生成、情感的熏陶与价值的建构等方面的作用。教师应及时与学生交流，了解学生发展中存在的身心困惑与问题；平等、民主地与学生交流，引导学生形成正确的世界观、人生观、价值观，从而促进学生全面发展。

教师应该是"思想者"，应有自由与独立的思想；应该是"可爱的人"，是对学生精神成长影响最大的人之一。教师是学生的"偶像"，其风度仪表、言谈举止、音容笑貌、兴趣爱好，甚至一颦一笑，学生都观察得细致入微，甚至会进行模仿。无论什么时候，教师都要努力成为学生的引路人。做教师，没有技能是万万不行的，要教得出底气；仅有技能是万万不够的，要教得出品位。活到老就要学到老，教师要树立先进的育人理念，持之以恒地完成从学科教学到学科教育的本质回归。叶澜教授睿智地告诫我们："没有教师的发展，也就没有学生的发展；没有教师的解放，也就没有学生的解放；没有教师的创造，也就没有学生的创造；没有教师的转型，也就没有学校的转型。"在素质教育发展的浪潮中，教师要深刻品味教师专业生活与职业生活的"教育气质"，学会在生活中感悟、在行动中反思、在反思中创造、在创造中生活，不断淬炼、沉淀，修炼成自己想要的模样，变成更好的自己；创造更好的教育，做一个与教育改革一道成长的、具有批判反思精神、学生发展需要的教师；做学生锤炼品格的引路人，做学生学习知识的引路人，做学生创新思维的引路人，做学生奉献祖国的引路人，为中华民族伟大复兴而努力奋斗。

第二节　学生眼中的好教师

什么是好教师？简单说，好教师应该有"三爱"：爱教育，爱学生，爱读书。好教师是有学识、有智慧的教师；是长者，更是朋友的教师；是与学生无话不谈、平等相处的教师；是关注、爱护学生的教师；是同情弱者、维护正义的教师。这样的教师，内心世界特别丰富，装着所有孩子的喜怒哀乐，也装着教育所需要的"生活""社会"和"世界"。这样的教师，有着本能的、充满跳跃性的联想力，能够由一个孩子的今天想到他的未来。曾有一项关于中、美学生对于好教师的评价让我们看清了教育的良知和本分。

中国学生眼中好教师的标准：

（1）要有和学生们打成一片的亲和力。

（2）应该表里如一，明辨是非，是学生学习的榜样。

（3）好教师＝20％的责任心＋20％的教学＋20％的爱＋20％的健康＋20％的幽默。

（4）具有海纳百川的胸怀，失败的时候给你鼓励，成功的时候给你鼓掌。

（5）有敏锐的目光、智慧的头脑、独到的见解、超人的远见。

（6）幽默风趣，和蔼可亲，严格公正，认真负责。

（7）有自己独特的教学方法，能够吸引学生自觉地探索知识。

（8）是学生的知识引路人、无话不谈的成长导师。

（9）对学习好的学生不宠爱有加，对后进生不置之不理，因为每一个学生都很精彩。

（10）不仅要教给学生知识，更重要的是要教会学生如何思考、如何做人，让学生一生都受用。

（11）不能用教学成绩来衡量，而是用人格魅力来征服学生。

美国学生认为的好教师的标准：

（1）友善的态度——课堂犹如一个大家庭，你再也不怕上学了。

（2）尊重课堂上的每一个人——不会在他人面前把你像猴子般戏弄。

（3）耐性——绝对不会放弃要求，直至你能做到为止。

（4）兴趣广泛——带学生到课堂外面去，并帮助你把学到的知识用于生活。

（5）良好的仪表——语调和笑容使你很舒畅。

（6）公正——会给予你应得的，没有丝毫偏差。

（7）幽默感——每天会带来欢乐，使课堂不再单调。

（8）良好的品性——从不随便发脾气。

（9）对个人的关注——会帮助你认识自己。

（10）伸缩性——当发现自己有错时会说出来，并尝试其他方法。

（11）宽容。

（12）颇有方法。

为成为一名更好的教师，马文·柯林斯的教育之道也给出了十个基本原则：

（1）信念——相信每个学生都能够达到想象不到的高度。

（2）收获——让每个学生每一天都收获满满，决不让学生失败。

（3）忠实——踏实做好每一件事情。

（4）不要做一个背叛者——做学生的朋友。

（5）公平——一视同仁地对待所有学生。

（6）发自内心地教书育人，而不是为了薪水——要有激情、决心和奉献精神，不允许任何学生平庸和失败。

（7）认真——用心做好每一件事情。

（8）积极热情——把教育事业当作自己的生命。

（9）不让学生失望——让后进生变得更好，让优秀生变得卓越。

（10）决不放弃——即使一开始不顺利，也能够继续努力。

好教师是有教育理想、良知，具有实验精神的学生成长的领路人，承载着传播知识、传播思想、传播真理的时代重任。成为好教师既是时代的要求，也是每个教师的梦想。做教师需要天分，更需要积累。怎样成为好教师，是每个教师都应研究的课题。一些很负责的教师，常常站在成人的立场对待学生，虽然也由衷地爱学生，换来的却是学生的叛逆和怨恨。始于爱、终于伤，源于德、归于害。这一切需要透过学生看教师，透过学习看教学，站在学生的立场去看待学生的成长。所以，好教师既要关注学生的学业成绩，也要关注学生的长远发展；对学生爱护宽容，真正让学生拥有自由自在的成长空间和开放舒展的心灵世界；从学生的成长角度出发，与生命、青春和生活同步，引导学生去发现"生命的喜悦"，去发现"生活中的感动"。所以，好教师应为学生的一生负责，不要让学生丢弃独立性、能动性、创造性，让学生"有理想信念、有道德情操、有扎实学识、有仁爱之心"。

第三节　教师成长的三个阶段

教师的成长和发展是近年来教育研究的热点。一名教师成长为教学骨干，乃至名师，是需要一个过程的。在这个过程中，需要外界为其提供健康成长的条件，搭建成长的平台。否则，哪怕个人素质再好，其专业成长的道路也必将是曲折的。早在 1966 年，彼得·德鲁克就告诫企业管理者，"企业的资源包括很多，但真正的资源只有一项——人力资源"。而学校，资源有很多，但真正促进学生成长、学校发展、教育进步的关键资源只有一项——教师。教师是一所学校的宝贵财富，教育变革和发展的最终力量均来自教师。

提升教师的核心专业能力，培养与时俱进的新时代人才，关系到育人方式的改革、因材施教、精准教学的规范实施。这已经成为广大教育工作者非常关注的现实问题。

教师成长是一个专业发展水平不断提高、专业素质不断成熟的过程。影响教师成长的因素很多，既有教师自身素质、内在发展动机的因素，也有外在的家庭、制度、体制、学校文化、机遇等因素。

教师是教育的第一资源，教师的成长一般要经历三个阶段。

第一阶段：准备与发展阶段。教师进入学校任教后，专业成长受到多种因素的作用，个人的知识和授课技能开始紧密地与自身生存和发展联系起来，在生存压力下开始加强专业化发展。但这一阶段的教师更多的是应用在学校学习的各种知识和教学技能，课堂上以常规教学方法为主。这一阶段的教师关键要"敬业"，把教育当作一项事业，把自己的智慧、情感、精力融入其中，淡泊名利，勤勤恳恳，从课堂上、从和学生的亲密相处、共同生活中，找到工作快乐的真谛。

第二阶段：成熟阶段。这一阶段，教师在胜任教学的基础上，开始从关注自身发展转向关注学生发展，开始在掌握的原始知识和教学技能基础上发展更加实用和自主的教学方法，能灵活自如地应用各种教学技能并组合成新的教学方法，开始走出第一阶段形成的固定教学模式。这个阶段的教师关键要"精业"，就是不断提高教育教学水平，在优化课堂教学方面狠下功夫，努力做到教学思想领先、教学特色鲜明、教学效果优良；舍得在"磨好课"上下功夫，在上好每一堂课上花力气，对课本中的每一个细节都要仔细研究，每一个问题怎样提问、怎样讲，都要反复演练，力求做到浅入深出、通俗易懂；始终坚持面向全体学生，因材施教，让每一个学生体验成功的喜悦；善于反思，不断改进，勤于思考，调整创新，提高自己，和学生共同成长，努力做一个让学生难忘的老师。

第三阶段：创新阶段，也称"专家阶段"。这一阶段，教师在努力钻研业务的同时,能结合所教专业特点和教学要求,有目的、有意识地进行科研活动,并逐渐发展新的教学技能,形成独特的教育教学模式,被称为"专家型教师"。这个阶段的教师关键要"乐业",对自己所从事的职业有很大的兴趣,能够体验到职业幸福感;以渊博的学识去启迪学生的智慧,以赤诚的爱心去关注学生的成长,以高尚的师德去影响学生的人格,为学生的学习营造一方乐园,为学生的成才搭建一块平台,为学生的终生幸福创造一片蓝天;躬行"我工作,我快乐""让学生因我的存在而感到幸福,让课堂因我的存在而绽放精彩"的人生目标;在教育教学中体味人生的内涵,体味生命的充实,感受工作的幸福,树立良好的职业道德风尚。

每个人心中都有一个对自己未来的完美规划,但现实往往与理想会有一定的差距。既然选择了教师这一职业,就应该在这一领域好好干,在培养好学生的同时,自己也应该有所追求,努力让自己升值。

第四节 做有智慧的教师

知识关乎事物,智慧关乎人生,如果只有知识,那你看到的一粒沙子就是一粒沙子,一块石头就是一块石头,一片树叶就是一片树叶而已,但是一旦拥有智慧,你就可以从一粒沙子中发现一道风景,从一块石头中看到一个世界,从一片树叶看到整片森林。智慧,是每个个体安身立命、直面生活的一种品质、状态和境界。智慧很重要。人需要智慧,教师更需要智慧。这是因为,教育本身就是一种智慧,而教师作为教育者,更需要教育的智慧。

　　智慧的教师有四种特质：科学、先进、切实、积极。科学，课堂教学策略应遵循不同心理发展阶段学生的学习特点和成长规律，既富有生命意识，又能体现学科价值。先进，课堂教学策略能灵活地贯彻新课程教学理念，有助于课堂教学结构，尤其是教学方式和学习方式的优化。切实，体现因校制宜的教育思想和以学定教的教学理念，做到教学策略班本化、生本化，实践操作性、学科应用性、差异适应性要强。积极，不仅能激发学生的参与热情，而且能促进学生的意义建构，有助于既定课堂教学目标的顺利、高效达成，有利于新教学目标的创生。所以，任何一位教师，不管你何时起步，做到了什么程度，都要坚持：一要转变思想，加强学习，以科学的教育教学理论指导教学实践，真诚服务于学生。二要积蓄能量，读书学习、听课研究，不断完善自己，充实自己，为教学实践打下坚实的基础。三要有优良的教学素质，具备扎实的专业知识和教学基本功。四要有满腔热情与爱心，有高超的课堂操控能力，充满激情，实实在在去关爱每一位学生。五要赢得学生尊重、受学生欢迎。

　　为人师者，必须有海纳百川的宽阔胸怀，容得下个性千差万别的学子。要遵循教育规律，严格遵守教师职责，做一个充满魅力的全能教师。① 人格魅力：为人师表的道德魅力，举止优雅的品格魅力，追求完美的思想魅力。② 学识魅力：学习成为生存需要，学习必须博览群书，学习必须思考。③ 工作魅力：教学能力强，教研能力强，创新能力强。④ 社会魅力：在社会生活的各种情境之中都能立起自己的丰满形象。教师在教育过程中要时时关注学生的内心成长，从学生的实际出发，设身处地为学生着想。

第五节　做职业幸福的守望者

今天的教育不是管，也不是不管，在管与不管之间，有一个词语叫"守望"，相守相望见证现在和未来。幸福，是一种能力。

什么是教师的幸福？怎样做个幸福的教师？不同的人会有不同的观点。"教育的过程就是回归生活的过程"，教师的教育过程既是一个育人的过程，也是一个育己的过程；既是一个成人的过程，也是一个成己的过程。幸福的教师，才能培养出幸福的学生。

多年来，教师一直被誉为"春蚕""红烛"，从事的是"太阳底下最光辉的事业"。然而这赞美的背后，青灯黄卷，教师奔走在生活的匆忙里，似乎和幸福相背，离幸福很远。枯燥单调的工作环境中，教师远离了创新；繁重的工作负荷下，教师丧失了激情；如影随形的精神压力，让教师身心疲惫。据调查，目前影响教师职业幸福感的因素依次为：积极的社会价值导向；公平的外部评价；正确的自我定位；自我能力提升，收入增加；学生考出好成绩。部分教师感受不到从教的幸福、从教的快乐，职业幸福感随之降低。职业倦怠不仅有损于教师本人教育生涯的健康发展，而且还有可能殃及学生完美人格的塑造和国家教育事业的发展。到底是谁动了教师职业幸福感的"奶酪"？

（1）职称压力。当前，职称依旧是决定教师工资报酬的主要标准。作为教师，谁都希望自己能获取评先、晋级等体现职业进步的机会，以此来证明自己的工作水平，获得别人的认可。但由于现阶段各学校教师编制饱和、从业人员增多，而评先、晋职又受名额、比例限制，造成教师之间竞争激烈，影响教师的工作热情。

（2）由于职业的特殊性，教师还承受着其他职业所没有的多重压力，为提高学生的考试成绩费尽心机、终日忙碌。据有关资料显示，有近50%的教师认为工作紧张，其中37%的教师每天工作时间都在8小时以上，长时间、超负荷的工作让教师疲惫不堪。

（3）教学改革方面的压力。新课程改革的推进，对教师原有的思维、教法带来了巨大的冲击，使一部分教师感受到了前所未有的压力，产生了前所未有的职业危机。

（4）职业发展方面的压力。随着教师专业化发展观念的提出，社会对教师的要求越来越高，教师不得不牺牲课余时间和假期去进行各种"充电"，以提高自己的专业素质。

有位教育专家指出：社会、教育管理者只有把教师放在第一位，教师才会真正把学生放在第一位。当新的教育理念尝试着给教育输入新鲜血液、为教师减压时，我们又应以什么样的心态和行动来回报这种改革呢？世上没有救世主，一切只能依靠我们自己，教师的发展需要教师自己省悟和改变。既然如此，我们要学会管理自己的时间、管理自己的心情，把自己从繁重的工作中解放出来，努力提高自身的综合素质，走好专业发展之路，做好职业生涯规划。等到我们能够"登泰山而小天下"的时候，工作效率自然会有所提高，也自然会有不一样的生活状态。只有自我解压减负了的教师，才能真正热爱教师这一职业，才能从教师这一职业中享受到快乐、满足和幸福。

幸福是人人都想要达到的境界。教师，要想追求自己的幸福，得有良好的心态。教师的幸福关系到学生的幸福成长与健康发展。只有幸福的教师，才能培养出幸福的学生，让学生享受到幸福的教育。

教师关乎国家和民族的未来，尊师重教是中华民族的传统美德。教师的幸福很简单、很平实，却与众不同。其实幸福就如一座金字塔，是有很多层次的，越往上幸福越少，得到幸福就相对越难。幸福是一种期盼，是一种心灵的感受。只要我们用心去发现，用心去感悟，就会发现幸福其实就在我们身边。生活起伏跌宕，不要抱怨什么，人就是再快乐，也会有烦忧；就算再倒霉，亦会有幸运。我们以为人生是一出悲剧或者喜剧，其实不然，走出悲剧，最终往往是喜剧；沉湎喜剧，结局又常常是悲剧。哭笑交错，悲喜轮回，哭的时候，学会遗忘，笑的时候，与人分享，没人愿意哭，没人拒绝笑。人生就是这样，即便处在同样的位置，有人哭，有人笑，有人沉默。而一个人的心胸，其实是被磨难和委屈撑大的。不要在一件事上纠缠太久，纠缠久了，会烦，会痛，会厌，会累，会神伤，会心碎。实际上，到最后，不是跟事过不去，而是跟自己过不去。无论多别扭，我们都要学会抽身而退，心放一旁。做人、做教师都要刚柔相济。刚是一种威仪、一种自信、一种气概；柔是一种风度、一种魅力、一种姿态。刚有泰山压不弯的脊梁，柔则有鸟鸣啁啾的婉转；刚有百万雄师过大江的气势，柔则有滴水穿石的耐心和功效。刚太过易生暴虐，柔太过显得卑弱。刚中有柔，柔中带刚，刚柔相济，才是人生最理想的状态。学会知而不言，才不会言多必失；学会自我解脱，才能超越自我；学会一个人静静思考，才能让自己更清醒、明白；学会用心看世界，才会看清人的本来面目；学会放下，才能重新开始；学会感恩，才能在逆境中看到希望，去做一个心平气和的幸福守望者。

生活真的很有趣，如果只接受最好的，那经常会得到最好的。

有一个朋友经常出差，经常买不到坐票。可无论是长途、短途，无论车上多挤，他总能找到座位，让自己的旅途变得轻松。他的办法其实很简单，就是耐心地一节一节车厢找过去。这个办法听上去似乎并不高明，但很管用。每次，他都做好了从第一节车厢走到最后一节车厢的准备，可是每次他都不用走到最后就会发现空位。他说，这是因为像他这样锲而不舍找座位的乘客实在不多。他落座的车厢里经常尚余若干座位，而其他车厢的过道和车厢接头处居然人满为患。他说，大多数乘客轻易就被一两节车厢拥挤的表面现象所迷惑，没想到在数次停靠之中，从火车上上下下的人流蕴藏着不少提供座位的机遇，有人即使想到了，却没有寻找的耐心。眼前一方小小的立足之地很容易让大多数人满足，为了一两个座位背负着行囊挤来挤去，有些人觉得不值。他们更担心万一找不到座位，回头连个好的站着的地方也没有了。

与生活中一些安于现状、不思进取、害怕失败的人永远只能滞留在没有成功的起点上一样，这些不愿主动找座位的乘客大多只能在火车上最初的落脚之处一直站到下车。而自信、执着、富有远见、善抓机会、勤于实践，会让你握有一张永远的坐票。

所以，教师必须更新理念，转变角色，加强教学和教研。只教学不做科研的教师，他的教学是肤浅的；只做科研不教学的教师，其科研是空洞的。"教书匠"要成为"教育家"——教育教学问题的科研者，即科研型教师，必须研究课程，做好科研。

第一节　课程研究的方向

教育的核心力量是什么？毫无疑问是课程。"课程"一词是从拉丁语"Currere"延伸出来的，它的名词形式意为"跑道"。课程就是为不同学生设计的不同跑道，应该尊重不同学生的需求。目前，我国的中小学课程包括国家课程、地方课程和校本课程。国家课程是为了满足中小学生在社会化过程中的主要发展需求而设置的，是基础教育课程的主体部分，在基础教育课程结构中起着主导性作用。校本课程作为国家课程的重要补充，其目的是更好地适应学校和社区环境，突出特色，更有效地促进学生个体的健康发展。校本课程开发是我国今后若干年内课程改革的重大课题。

课程对于学生的学习、生活与发展具有五个方面的意义：一是课程关乎学生的教育权利。国家规定的各类课程，少开一门都是违法的，都是在剥夺学生受教育的权利。二是课程关乎学生的全面发展。课程开不全，就导致学生的德、智、体、美、劳无法全面发展。三是课程关乎学生的个性发展。如果学校开设的课程没有任何选择性，就不可能满足学生的个性发展要求。四是课程关乎学生的潜能释放。学生的发展,离不开丰富多样的可供选择的课程。五是课程关乎学生的学习兴趣。学校课程越单调,学生的整体学习兴趣越低。审视一些学校的课程改革,我们发现,学生的学习依然枯燥,课业负担依然繁重,这跟当下的教育教学没有触及课程的结构改革有关。应通过课程结构的调整、教育生态的变化,打通课程间的壁垒,强调综合性学习,让学生学得充实、自由、快乐,使其拥有丰富的情感体验、活跃的思维状态。

未来的课程,将突破学科与生活的界限,着眼于加强学生个体与自然、社会生活的联系。教育者要有长远的眼光,通过校内外课程资源的有效整合,提高学生对课程选择的自由度。只有把握各学科发展的前沿,才能提供有活力的教育。教育的持续性让我们深知,教科书里的知识只是沧海之一粟。那么,如何在教学中渗透鲜活的知识?如何让学生在学习课程的同时感受时代发展的脉搏?如何突破知识本位,培养学生的科学精神与人文精神?重要的举措是应在学科教学中渗透先进的思想,结合时代的需要,符合时代的背景,与国际接轨,使学生了解科技发展新动态,激发学生的科学追求。我们必须传承中国知识分子精诚报国的优良传统,把新时代教育的重任担在肩上,不断培育新时代的优秀人才,铸就国家脊梁,为强国梦的实现贡献力量。

第二节　课题研究的价值

教师为什么要做研究?一可以促进教师的专业成长,提升教师的软实力。课题研究可以让教师零散的经验系统化、理论化,形成教学风格,记录自我的发展过程。二能改善教育教学,体现直接功用。教师应按照课题研究的规范，明确三个关键问题：哪些研究活动能够为学生的成长带来更显著的价值，哪些研究活动对教师的教学实践提升作用明显，区域教研与校本教研的关系如何。

教师从事教育研究的主要目的是为了解决实践中的问题以提高自身的素质及学生的整体水平。所以，教师做科研要从教学着手，从身边的问题入手。课程改革为教师做科研提供了机会，教育研究除了要有经验外，还要有理论做基础。教育研究的理念是"想大问题，做小事情"，"从能够改变的地方开始"。课题虽小，量变到一定程度，就会产生质变。课题选择范围很广，关键是要做有心人。通常我们的课题研究偏重于经验总结，大多是"观点＋例子"，数据分析得少，这是我们需要改进的地方。我们要侧重想自己存在的问题，做自己的工作，说自己的故事，讲自己的道理。"教学即研究，教师即研究者，成果即成长"，教师的研究行为要常态化，自发进行，自我负责。课题研究不是游离于课堂教学活动之外的独立研究，而是为解决实际问题进行的研究，必须以课堂教学为基础，以校本研习为载体，引领教师发展，提高教学质量，促进校本教研。

在学校环境中，学生所受的最重要的影响来自教师。教育环境、教育内容和教育对象的特殊性决定了教师的劳动没有固定不变的模式。教育作为育人活动，经不起挫折和失败，教育失误会影响一代人甚至几代人的成长与幸福。而教师的教育科研能力（是一种源于教育实践而又有所超越和升华的能力）在一定程度上提高了教师劳动的价值。教育研究的根本目的在于创新，所以在教研过程中，教师要学习先进的教育思想和观点，不断丰富自己的知识，保持敏锐的洞察力，具有宽厚扎实的教育科学素养、脚踏实地的研究态度、敢为人先的科学创新精神。

课程改革，带来了教育理念、内容、方式、方法等方面的变化，为教师的工作提供了更广阔的空间。怎样开发、创新课程？如何设计有价值含量的深层次问题？如何指导学生的研究性学习？如何照顾学生的差异？怎样提高小组讨论的有效性？教师角色有哪些变化？这些问题没有现成的答案，需要教师去探索、去研究。每一位教师都应树立"科研先导""向教研要质量、要水平"的思想观念，完成由经验型教师向研究型教师成长的转变。

教育研究的对象是活生生的、不断发展变化的学生，而学生的进步又和多种因素有关，因此教师的教学研往往具有多变量的特点。这就要求教师的教学研应是一种综合性的动态研究，在研究中要采用多种方法，并使各种方法优化组合。针对教师教学研工作的特点和当前教学工作的需要，我们特别倡导进行"互联网＋项目"式的学习研究，对研究对象进行全面深入的剖析，提出解决问题的办法。以一节课作为一个研究项目，组织教师进行深入探究，这对改革课堂教学会有很大的帮助。如项目式学习对于教师来说看得见摸得着，贴近教师的实际工作，也有助于教师通过项目将教育理论和实践很好地结合起来。在研究中要求项目具有典型性。当然，项目式学习也有它的局限性，它只是提供了一个例证，不能代表全体，但它能给人以启迪。教研最大的好处是能帮助教师解决自己身边的问题。只有来自教学、服务于教学的研究，才会更具生命力和活力。

随着我国基础教育改革的推进，教学研越来越成为课程教学改革、教学质量提高的重要手段。教师是教学研的主力军，要想培养高素质的学生，教师必须是一个高素质的研究型教师。目前，教学研制度正在不断专业化、规范化和科学化，一名合格的教师不仅要教书育人，还要树立终身学习的理念，不断学习现代教育教学理论，深入开展教育研究，做到教学研统一。这个"研"字，包含了探索的寓意，是把教师放在教学的探索者的地位，而不是纯粹地被动接受新知识、新技巧。我国著名学者查有梁先生对教学研的关系进行了精辟的概括，"学然后知不足，教然后知困，研然后知美；知不足然后能自反也，自反方知：学习即快乐；知困然后能自强也，自强方知：教育即发展；知美然后能自创也，自创方知：创造即享受。故曰：教学研相长也，此乃教育之理想境界也"。对教学研关系的理解，让教师不断有新的动力和愿景，不断再上新台阶。诚然，在研究的道路上会遇到很多难题，但我们不能退缩，即使已经失败 100 次，我们还可以再试一次。

曾经有个年轻人去微软公司应聘，而该公司并没有刊登过招聘广告。见总经理疑惑不解，年轻人就用不太娴熟的英语解释说自己碰巧路过这里，就贸然进来想应聘一下。总经理感觉很有意思，破例让他一试。面试的结果出人意料，年轻人表现得糟糕极了。年轻人解释说事先没有准备，总经理以为他不过是找个托词下台阶，就随口应道"等你准备好了再来试吧。"一周后，年轻人再次走进微软公司的大门应聘，但这次他依然没有成功。不过比起第一次，这次他的表现要好得多。而总经理给他的回答仍然同上次一样："等你准备好了再来试吧。"就这样，这个年轻人先后五次踏进微软公司的大门应聘，最后终于被公司录用。

也许，我们的人生旅途上沼泽遍布，荆棘丛生；也许，我们追求的风景总是山重水复，不见柳暗花明；也许，我们前行的步履总是沉重、蹒跚；也许，我们需要在黑暗中摸索很长时间，才能找寻到光明；也许，我们虔诚的信念会被世俗的尘雾缠绕，而不能自由翱翔；但我们可以以勇敢者的气魄，坚定而自信地对自己说一声"再试一次"！再试一次，就有可能达到成功的彼岸！

第三节　教师专业成长的路径

《中共中央、国务院关于全面深化新时代教师队伍建设改革的意见》中明确指出："到2035年，教师综合素质、专业化水平和创新能力大幅提升，培养造就数以百万计的骨干教师、数以十万计的卓越教师、数以万计的教育家型教师。"这表明，教师要加快专业成长不仅是专业要求，而且是时代使命。教师的专业成长，其实就是教师专业素养的养成。教师专业素养的培养，发生在课堂、学校，发生在他们与学生交往的分分秒秒。教师普遍认为，教师的专业成长应该是"专业阅读＋专业实践＋对话交流＋专业引领＋思考觉悟"。哲学家亚里士多德说，人生最终的价值在于觉醒和思考的能力，而不只在于生存。可见，教师自觉地思考觉悟是教师专业成长、走向专业成熟的关键品质和标志。

教师工作是复杂的高级劳动。教师的劳动传承过去，更创造未来。教学是一门艺术，课堂就是教师的舞台。如何将"这台戏"演得精彩，受到"观众"喜爱，除了有扎实的舞台基本功外，还必须有能让"观众"叫好的形式与内容。我们的课堂不应只是执行教案的舞台剧，而应是师生共同演绎的成长记录。精彩的生成源于精心的预设，课堂教学依赖于有效的教学设计。教学系统是一个由教师、教学目的、教学内容、教学媒体与方法以及学习者等众多因素组成的复杂系统。要使教学取得良好的效果，必须综合考虑系统的各个因素，做出全面、科学的教学策划，即进行周密的教学设计。简单说，就是为了达到教学目标，对"教什么"和"如何教"进行策划。教师应以学习理论为基础，应用系统理论的观点和方法，调查分析教学中的问题和学生的需求，确定目标，寻找解决问题的步骤，选择相应的教学活动和教学资源，使教学效果优化。通过教学设计，教师可以对教学活动的基本过程有整体的把握，可以根据教学情境的需要和教学对象的特点确定合理的教学目标，实施可行的评价方案，从而保证教学活动的顺利进行。另外，通过教学设计，教师还可以有效地了解学生学习的初始状态和学习后的状态，及时调整教学策略、方法，采取必要的教学措施，为下一阶段的教学奠定良好基础。

新中国成立之后，我国开始全面模仿苏联的教学模式，不仅接受了他们的教育思想，还套用他们的教育体系。改革开放之后，我们开始学习美国的教育理念，随之我们的教育体系也发生了变化。体系的变化仅是外在表现，更重要的是承载其中的教育思想的变化。从过去的教学计划、教学大纲变为人才培养方案、课程标准，更为关注学生的个性化需求，目标一定，但方式、路径更为多元。从传统备课到后来的教学设计，其变化主要体现为：从着眼点看，以往的备课关注的是"课"，教师为如何讲而做准备；而教学设计则关注的是"学"，探究的是"以学定教"，展示的是教师如何使学生处于最佳的"学"的状态。从教师发挥的作用看，以往的备课，教师只是在不折不扣地贯彻执行教学大纲，更多地研究的是如何传授好教材上的知识内容，无形中教师成了教科书的"传声筒"，因此，教师的个性、教学的创造性很难体现；而教学设计则要求教师不仅是课程的执行者，更应成为课程的开发者，要求教师必须把自己融于教学之中，创造性地进行教学，从整体着眼，为促进学生的发展而努力。从关注学生方面来看，以往的备课往往是"目中无人"，而教学设计则"以人为本"，为学生的发展提供了广阔的天地。教学设计既关注"意料之中"的事情，即展示学生的个性、能力与习惯的培养过程，创造学生自主、合作、探究的机会和环境，重视课程资源的开发和利用的过程等，也尽量预想学生在学习过程中可能发生的"意料之外"的事情，注重教学过程的生成性。

总之，在教学设计中教师努力让学生有学习兴趣，处于最佳的学习状态，让他们学得更好、发展得更全面。

当然，一堂好课无疑是教师专业精神与专业素养的结晶。而当前的教学设计也存在一些问题。第一，应付检查式。虽然名为"教学设计"，但有的教师的教案是给领导检查教学工作准备的，教师上课从来不用，而是用自己的讲稿；也有的教师照搬他人教案，缺乏对教学对象进行针对性思考，从而失去了教学设计的意义。第二，一些教师没受过系统的教学设计理论培训，所以缺乏先进教育理念的指导。第三，思维定式还是停留在传统备课层面，只关注教师怎样教，忽视了学生怎样学，甚至教学设计中没有关于学生活动的表述。第四，只关注教学内容的梳理，而对教学内容传输的形式与手段（即教学模式、流程、方法)的有效性、适用性很少考虑。第五，不注意分析学生的特征与需求，面对不同层次、不同特征的学生，不能因材施教，使用一个教案、一个讲稿，缺乏针对性。

未来，主题探究式、项目式的学习方式将越来越多。促进学生学习方式向交互性、情境性、连续性转变，促进学生主动、深度与跨界学习，让学生在积极体验中学习知识、养成个性、培养能力，将成为教师专业发展的一个核心导向。我们的一堂课只有 40 ～ 45 分钟，时间很有限，有时候我们为了追求课堂的大容量，就满堂讲、满堂灌，又退化到了填鸭式教学。学生不是鸭子，老师也不是养鸭专业户，这样的教学方式只会降低学生的学习效率，所以我们教师一定要精心备课，将知识真正应用于生活，让学生能够体会到学习知识其实是在享受生活，满足学生探究的欲望，使其体验学习的快乐。课堂没有彩排，永远是现场直播，不管讲得成功还是失败，过去了就没法改变，我们能做的只有对下节课进行精心准备与设计。精彩不曾预约，美丽水到渠成。我们的课堂在预设中体现教师的独具匠心，在生成中迸发出师生互动的智慧火花，在预设与生成中激情共舞。这正是我们教育的真正意义所在。

附:教学设计流程

一、教学设计的基本要素

任何一种教学设计模式都包含有下列五个基本要素:教学任务及对象;教学目标;教学策略;教学过程;教学评价。这五个基本要素相互联系、相互制约，构成了教学设计的总体框架。

1. 教学任务

新课程理念下，课堂教学不再仅仅是传授知识，教学的一切活动都着眼于学生的发展。在教学过程中如何促进学生的发展，培养学生的能力，是现代教学的基本着眼点。因此，教学由教教材向用教材转变。以往教师关注的主要是"如何教"的问题，现今教师关注的首先是"教什么、为什么教"的问题，也就是明确教学任务，进而提出教学目标，选择教学内容和制定教学策略。

2. 教学目标

教学设计中对于教学目标的阐述，能够体现教师对课程目标和教学任务的理解，也是教师要完成的教学任务。

新课程标准从关注学生的学习出发，强调学生是学习的主体，教学目标是教学活动中师生共同追求的，而不是由教师所操纵的，因此，教学目标的完成主体显然应该是教师与学生。

目前中小学的教学目标以素养、能力养成为主，它与传统课堂教学只关注知识的接受和技能的训练是截然不同的。教学目标体现在课堂学习上，就是注重知识与技能，过程与方法，情感、态度与价值观三个方面的有机整合，突出了过程与方法的地位，因此在教学目标的描述中，要将知识、技能、情感、态度等方面都考虑到。尤其是情感目标，应在深入研究教学内容的基础上，挖掘、提炼对学生思想、品德发展有积极意义的方面，因势利导。

3. 教学策略

所谓教学策略，就是为了实现学习目标、完成学习任务所采用的方法、步骤、组织形式等构成的综合性方案。它是实施教学活动的基本依据,是教学设计的中心环节。其主要作用就是根据特定的教学条件和教学需要,制定出向学生提供教学信息、引导其活动的最佳方式、方法和步骤,包括教学组织形式、教学方法、学法指导、教学媒体、板书设计。

4.教学过程

教学过程是课堂教学设计的核心,教学目标、教学任务、教学对象的分析,教学媒体的选择,课堂教学结构类型的选择与组合等,都将在教学过程中得到体现。

5.教学评价(教学反思)

教学设计,首先能够促使教师去理性地思考教学,同时在教学认知能力上有所提高,只有这样,才能够真正体现教师与学生共同发展的教育目的。

二、教学设计书写

1.教学设计说明:写出本教学设计的意图和整体思路。(突出新课程特点)

2.教学分析:包括教学内容的分析和学情的分析。

3.教学(学习)目标:涵盖知识与技能,过程与方法,情感、态度与价值观;叙述应简洁、准确、精炼,概括性强;包括对象、行为、条件和标准四个要素。

4.教学策略:主要包括选用的教学方法、教学手段、媒体及板书设计。(板书设计不仅是要做到美观、整齐、充分合理地利用板面,更重要的是板书可以使课堂讲授的主要内容按一定形式有条理地呈现在黑板上,有助于学生更好地突破难点、掌握重点,进而提高教学质量,因此板书设计要紧密结合教学内容，做到重点突出，内容完整，系统性、逻辑性强，便于学生的学习，让学生不仅学到知识，而且得到艺术享受和审美情趣的陶冶）

5.教学过程。（略）

6.教学反思、评价。教学反思是教师在教学过程中不断思考，不断总结和记录教育教学过程中的问题，找到相应的解决方法，反映了教师成长的过程。

三、教学设计过程中要注意的问题

1.要有教育理论做指导。

如果在教学设计中对教学内容缺乏理性的思考，没有理论的指导，那么这种设计仍然是一个简单的教案。在进行教学设计时，一定要注意理论与实践的紧密结合。

2.要正确处理好教与学的关系，教是导，学为重。

教师在设计教学时，千万不要忘了教学设计是为学生学而设计的。没有以学生为本的教学理念，教学设计往往成了教师的表演。

3.要在分析学情基础上确立目标。

对学生学习需要的分析、学习内容的分析和对学习者的分析在教学设计中非常重要。

4.要关注各级目标之间的整合。

关注学科目标、单元目标、一堂课的目标的内在联系，关注模块整合，进行大单元设计。

5.要注重三观培养目标的制定与实施。

撰写教学目标时应注意知识、技能、情感目标都要涉及，尤其应注意情感目标。传统教育的目标主要关注学生知识、技能、方法、能力的培养，很少关注他们情感、态度与价值观方面的发展。即使有，也主要以培养学生的学习积极性为主，这是远远不够的。

编写教学设计其实只是一种手段，而不是目的。编写教学设计时应做到：① 脉络要"准"——这是教学设计的"出发点"。② 目标要"明"——这是教学设计的"方向"。③ 立意要"新"——这是教学设计的"灵魂"。④ 构思要"巧"——这是教学设计的"翅膀"。⑤ 方法要"活"——这是教学设计的"表现形式"。⑥ 练习要"精"——这是教学设计的"综结点"。

个性的精华是艺术，艺术是不能复制的，教育艺术追求精神世界的和谐完美。苏霍姆林斯基说，教育的技巧并不在于能预见课堂的所有细节，而是在于能根据当时的具体情况，巧妙地在不知不觉中做出相应的变动。随着课程改革的不断深入，课堂教学更加注重学生的主体地位，强调师生的互动和合作。而互动的过程意味着更多的不确定性和生成性，这是新课程教学的重要特征，也是新课程教学区别于传统教学的重要方面。处理好预设与生成的关系，为课堂创新而教，才能创造出智慧的课堂。每位教师都要在教学中做一个有创意的设计师、有精品的总导演、有个性的参与者，将激情、才智、微笑和知识带入课堂，做学生理想风帆的导航者、美好心灵的缔造者、智慧和技能的培养者！

第六章
给教师的建议

第一节　准确定位

从前，山上有个禅师。一天，跟随他多年的小和尚跑过来，请教禅师："师父，我人生最大的价值是什么呢？"禅师说："你到后花园搬一块大石头，拿到菜市场上去卖。假如有人问价，你不要讲话，只伸出两个指头；假如他跟你还价，你不要卖，抱回来，师父会告诉你，你人生最大的价值是什么。"

第二天一大早，小和尚抱了一块大石头，乐呵呵地跑到山下菜市场去卖。菜市场上人来人往，熙熙攘攘。一会儿，一个家庭主妇走了过来，问小和尚："这石头卖多少钱呀？"小和尚伸出了两个指头，那个家庭主妇说："2元钱？"小和尚摇摇头。家庭主妇说："那么是20元？好吧，我刚好拿回去压酸菜。"小和尚想："一文不值的石头居然有人出20元钱来买，我们山上有的是呢。"小和尚遵照师父的嘱托没有卖，乐呵呵地将石头抱回山上，去见师父。小和尚说："师父，今天有一个家庭主妇愿意出20元钱，买我的石头。师父，您现在可以告诉我，我人生最大的价值是什么了吗？"禅师说："嗯，不急，你明天一早，再把这块石头拿到博物馆去。假如有人问价，你依然伸出两个指头；如果他还价，你不要卖，再抱回来，我们再谈。"

第二天早上，小和尚又兴高采烈地抱着这块大石头去了博物馆。在博物馆里，一群好奇的人围观，窃窃私语，"一块普通的石头，有什么价值摆在博物馆里呢？""既然这块石头摆在博物馆里，那一定有它的价值，只是我们还不知道而已。"这时，有一个人冲着小和尚大声说："小和尚，你这块石头多少钱卖啊？"小和尚没出声，伸出两个指头。那个人说："20元？"小和尚摇了摇头，那个人说："200元就200元吧，刚好我要用它雕刻一尊神像。"小和尚听到这里，倒退了一步，非常惊讶！他依然遵照师父的嘱托，把这块石头抱回了山上，去见师父。小和尚说："师父，今天有人出200元买我这块石头，这回您总要告诉我，我人生最大的价值是什么了吧？"禅师哈哈大笑说："你明天再把这块石头拿到古董店去卖，照例有人还价，你就把它抱回来。这一次，师父一定告诉你，你人生最大的价值是什么。"

第三天一早，小和尚又抱着那块大石头来到了古董店，依然有一些人围观，"这是什么石头啊？在哪儿出土的呢？""是哪个朝代的呀？""是做什么用的呢？"傍晚的时候，有一个人过来问价："小和尚，你这块石头多少钱卖啊？"小和尚不声不语，伸出了两个指头。"200元？"小和尚睁大眼睛，张大嘴巴，惊讶地大叫一声："啊？"那位客人以为自己出价太低，气坏了小和尚，立刻纠正说："不！不！我说错了，我是要给你2000元。"小和尚听到这里，立刻抱起石头，飞奔回山上去见师父，气喘吁吁地说："师父，师父，今天的施主出价2000元买我们的石头。现在您总可以告诉我，我人生最大的价值是什么了吧？"

禅师摸摸小和尚的头，慈爱地说："孩子啊，你就像这块石头。如果你把自己摆在菜市场上，你就只值20元钱；如果你把自己摆在博物馆里，你就值200元；如果你把自己摆在古董店里，你却值2000元。这就是你人生最大的价值！"

这个故事是否启发了你对自己人生的思考？你将如何定位自己的人生呢？教师作为一项职业，有比它轻松的，有比它收入高的，也有比它辛苦的。面对这样一项既劳心又劳力的工作，我们适合这项工作吗？这就要准确定位自己，给自己一个肯定。一个人想要达到成功的巅峰，也需要顿悟，从内心深处升起的那份对卓越的渴望，会在瞬间改变你的一生。定位改变人生，一个人对自己的定位，将决定其一生成就的大小。志在顶峰的人不会甘于待在平地，甘心做奴隶的人永远也不会成为主人。

一个乞丐站在路旁卖橘子，一名商人路过，向乞丐面前的纸盒里投入几枚硬币后就匆匆忙忙地赶路了。过了一会儿，商人折返取橘子，说："对不起，我忘了拿橘子，因为毕竟你我都是商人。"几年后，这位商人在参加一次高级酒会时，一位衣冠楚楚的先生向他敬酒致谢，并告诉他自己就是当初卖橘子的乞丐。而改变他的，就是商人的那句话——你我都是商人。

这个故事告诉我们：定位于乞丐，你就是乞丐；定位于商人，你就是商人。凡成就大事者，必从小事做起，大事是由小事汇集而成的，"合抱之木，生于毫末；九层之台，起于累土；千里之行，始于足下"，这是一个量变到质变的过程。干事业，要大气、大义、大度，从全局着眼，从细节入手，也就是目标要高，定位要高，起点要高、标准要高、目的要明确、目标要细化，标准要量化，要求要精细，制度要严格。

老子曾说："天下难事，必作于易；天下大事，必作于细。"这句话精辟地指出，想成就一番事业，必须从简单的事情做起，从细微之处入手。人可以长时间卖力工作，可以创意十足、聪明睿智、才华横溢、屡有洞见，甚至好运连连。可是，如果无法在创造过程中给自己正确定位，不知道自己的方向是什么，一切都会变得徒劳无功。所以说，定位决定人生，定位改变人生。在现实中，总有这样一些人：他们或受宿命论影响，凡事听天由命；或因性格懦弱，习惯依赖他人；或因责任心太差，不敢承担责任；或因惰性太强，好逸恶劳；或因缺乏理想，混日子为生……总之，他们做事低调，遇事逃避，不敢为人之先，不愿转变思路，而被一种消极思想所支配，甚至走向极端。也许，每个人对成功的理解都有所不同，但无论你怎样看待成功，都必须正确定位自己。"认真做事只能把事情做对，用心做事才能把事情做好。"为师之道有"三境界"：第一境界——精通学科专业知识，给学生以知识关怀。第二境界——做一个教育、教学研究者，给学生以心灵关怀。第三境界——做一个人文学者，给学生以人文关怀。

课堂教学的精彩仅仅是成为优秀教师的第一步，如何教给学生终身受益的东西，才是教育者应当追求的最高境界。教师是事关文化传承、民族振兴、社会进步的职业。美国史学家亚当斯说"教师影响到永恒的未来"。当下我们经历着由"经验型"向"科研型"、由"教书型"向"学者型"角色的转换，开展高层次教学研究，撰写教育教学文章，承担国家、省、市级研究课题，极大地推动了教育教学工作的进步。研究课堂，把教学工作当作研究课题，创造了持续稳定、富有辐射功能的教学经验,成功地走出了一条"优质减负增效"之路,不断从"高原"走向"高峰"。

第二节　富有远见

一个成功的人,必是一个具有长远眼光、有所追求的人。用锐利的眼光洞察现实,预见未来的发展方向,就能摆脱困境,走向成功。戴高乐说,眼睛所到之处,是成功到达的地方,唯有伟大的人才能成就伟大的事,他们之所以伟大,是因为他们决心要做出伟大的事。田径教练会告诉你,跳远的时候,眼睛要看着远处,你才会跳得更远。而一个人要想成就一番大的事业,必须树立远大的理想和抱负,有深远的思想和广阔的视野,按照既定的目标,坚持不懈,刻意求索,到最后一定会获得成功。

爱诺和布诺同时受雇于一家超级市场,开始时大家都一样,从最底层干起。可不久爱诺因受到总经理重视,一再被提升,从领班直升到部门经理。布诺却像被人遗忘了一般,还在最底层混。终于有一天,布诺忍无可忍,向总经理提交辞呈,并痛斥总经理不公平,辛勤工作的人不提拔,却提拔那些吹牛拍马的人。总经理耐心地听着,他了解这个小伙子,工作肯吃苦,但似乎缺少了点什么,缺什么呢?总经理忽然有了主意。"布诺先生,"总经理说,"你马上到集市上去看看今天有卖什么的。"布诺很快从集市回来了,说只有一个农民拉了车土豆在卖。"一车大约要多少钱,有多少袋?"总经理问。布诺又跑去,回来说有10袋。"价格是多少?"布诺再次跑到集市上。总经理望着跑得气喘吁吁的布诺说："请休息一会吧，看爱诺是怎么做的。"说完，总经理叫来爱诺，对他说："爱诺先生，你马上到集市上去看看今天有什么卖的。"爱诺很快从集市回来了，汇报说，到现在为止只有一个农民在卖土豆，有10袋，价格适中，质量很好，他带回几个让总经理看。这个农民过一会儿还会拿来几筐西红柿出售。爱诺认为西红柿的价格还算公道，可以进一些货。这种价格的西红柿，总经理可能会要，所以，他不仅带回了几个西红柿做样品，而且把那个农民也带来了，现在正在外面等着回话呢。总经理看了一眼红了脸的布诺，对爱诺说："请他进来。"……

爱诺由于比布诺多想了几步，所以在工作上取得了较大的成功。

在现实生活中，远见卓识将给生活和工作带来极大的好处。凯瑟琳·罗甘说："远见告诉我们可能会得到什么东西，远见召唤我们去行动。心中有了一幅宏图，我们就从一个成就走向另一个成就，把身边的物质条件作为跳板，跳向更高、更好的境界。这样，我们就拥有了无可衡量的永恒价值。"远见会带来利益，会打开不可思议的机会之门，会发掘人生发展的潜力。要知道，一个人越有远见，他就越有潜能。一方面，远见会使工作与生活轻松愉快。成就会令人生更有乐趣，它赋予人成就感，赋予人乐趣。当那些小小的成绩为更大的目标服务时，每一项任务都成了一幅更大的图画的重要组成部分。另一方面，远见会给工作增添价值。同样，当我们的工作是实现远见的一部分时，每一项任务都具有价值。哪怕是最单调的任务也会带来满足感，因为更大的目标正在实现。把眼光放得再远一点，一个想要成功的人，必须是一个有远见的人。缺乏远见的人可能会被等待着他们的未来弄得目瞪口呆,变化之风会把他们刮得满天飞,不知道会落在哪个角落,等待他们的又是什么。如果有远见,那么实现目标的机会将会大大增加。

"愚者赚今朝,智者赚明天。"成功的企业家,每天会用80%的时间考虑企业的明天,只用20%的时间处理日常事务。着眼于明天,不失时机地发掘或改进产品或服务,满足消费者新的需求,就会独占鳌头,形成"风景这边独好"的局面。

19世纪80年代,约翰•洛克菲勒已经以他独有的魄力和手段控制了美国的石油资源,这一成就主要得益于他在创业中锻炼出来的预见能力和冒险胆略。1859年,当美国出现第一口油井时,洛克菲勒就从当时的石油热潮中看到了这项风险事业的良好前景。他在与对手争购安德鲁斯－克拉克公司的股权中表现出了非凡的胆略。拍卖从500美元开始,洛克菲勒每次都比对手出价高。当达到5万美元时,双方都知道,标价已经大大超出石油公司的实际价值,但洛克菲勒满怀信心,决意要买下这家公司。当对方最后出价7.2万美元时,洛克菲勒毫不迟疑地出价7.25万美元,最终战胜了对手。年仅26岁的洛克菲勒由此开始经营当时风险很大的石油生意。当他所经营的标准石油公司在激烈的市场竞争中控制了美国市场上炼制石油90%的份额时,他并没有停止冒险。19世纪80年代,利马发现一个大油田,因为含碳量高,人们称之为"酸油"。当时没有人能找到一种有效的办法提炼它,因此一桶只卖15美分。洛克菲勒预见到总有一天能找到提炼这种石油的方法,坚信它的潜在价值是巨大的,所以执意要买下这个油田。他的想法遭到董事会多数人的坚决反对,洛克菲勒说:"我将自己出钱去购买这个油田,如果必要,我会拿出200万美元、300万美元。"洛克菲勒的决心终于迫使董事们同意了他的决策。结果，用了不到2年时间，洛克菲勒就找到了炼制这种酸油的方法，油价由每桶15美分涨到1美元，标准石油公司在那里建造了当时世界上最大的炼油厂。

远见使人们能预见事物未来的发展趋势。只有看到别人看不见的事物的人，才能做到别人做不到的事情。远见是成功者必备的素质之一，每一个渴望成功的人都要有意识地培养自己的远见能力。如果认定自己不能成功，就局限了自己的远见。应该开动脑筋，敢于有伟大的理想，敢于开发自己的最大能力。不管出现什么问题、逆境或者障碍，只要长期不懈地努力，就能实现自己的梦想。

心有多大，舞台就有多大；思想有多远，就能走多远。风景，等不来。我常常告诫自己：做最好的老师。那最好的老师是什么样子的？应该学识渊博，应该通晓教材，应该有很多的教学策略，应该关注学生，应该幽默风趣，当然还有很多的"应该"。但是现在看来，最好的老师最应该做到的是尊重和理解学生的所思所想，因为课堂不仅是传授知识的地方，还是心灵与心灵对话的场所，更是心灵与心灵相互温暖的地方。"最好的老师是能调动起学生的热情，激起他们对知识的渴望，引导他们孜孜不倦地去追求更好的事物，并将自己的真知灼见和真正的文化注入学生灵魂深处的老师。"最好的老师是学生终身学习的楷模，是学习技巧的传授者，是挖掘资源的向导，是寻求真知的组织者，是独立学习的指导者、促进者，是客观公正的评价者，是热心的社会工作者，是课程设计的专家，是令人信服的心理医生。"常怀感激之情，常葆进取之心，常存敬畏之念，清清白白做人，干干净净教书。"

最好的老师要讲师德、有师智、为师表、有师能，要有人格魅力和学识魅力，要具备广博的知识和广泛的兴趣，要具备深厚的专业功底和独特的教学艺术，要对教育教学有深入研究。教师气质的培养，最重要的是文化熏陶。

第三节　读书修心

优秀的教师一定是位优秀的阅读者。读书是一个艰辛的历程，教师要将读书作为生活中永恒的主题。古今中外所有专业人士最经济、最直接、最快速的成长法则就是读书。读书不仅可以提高教师的人文素养，书中的知识也可以转化为教学的专业能力。习惯读书的人，会以优雅的气质出现，举手投足间都充满着自信与从容。读书像是一剂温柔治愈的良药，总能在你迷茫时给你指引、在你困惑时给你答案。读书是为了让我们保持一种思考、反省、批判、上下求索的姿态和能力。读书有三层境界：坚持、形成习惯、审美。阅读经典，可以使人趋真向善，宁静致远，气质高雅。在一定意义上可以说，我们是在用我们读过的书，用我们的生活阅历解读对教育的理解。一个知识面不广的教师，很难真正给学生以人格上的感召；一个不读书的教师，也不会成为学生心目中真正意义上的教育者。"你的人生取决于你看过的书和你所遇见的人。"读书促进教师不断增长专业智慧，使其教学闪耀出敏捷睿智的光彩，充盈着创造的活力和快乐；促进每一个阶段教学实践与理论的结合与反思，使其学习和运用教育经典理论，提升理论和实践水平，提高教育教学质量和效益，提高教育科研水平，重构自身专业知识结构。教师可采用问题式读书五步法：一是找问题；二是带着问题读书，寻找读书的动力；三是在读书中获取并坚定某种观点、立场与方法；四是用这种观点、立场与方法来研究和反思；五是在反思中改变和完善行动。"师者，所以传道、授业、解惑也"，教师职业的特殊性决定了教师必须与书结缘，以书为友，走进书本，终生与书为伴，阅读促人成长。

信息时代，知识日新月异。以不变应万变已经不能满足我们的工作需要，要适应这种变化，我们就得学会读书。读书不仅是寻求教育思想的营养、教育智慧的源头，也是寻求情感与意志的交流。哈佛大学有一个著名的理论，人的差别在于业余时间，而一个人的命运决定于晚上 8 点到 10 点之间。每晚抽出 2 个小时的时间用来阅读、进修、思考或参加有意的演讲、讨论，你会发现，你的人生正在发生改变，坚持数年之后，成功会向你招手。

这里有个故事很有说服力。

有个伐木工人在一家木材厂找到份工作，报酬不错，工作条件也好，他很珍惜，下决心要好好干。第一天，老板给他一把利斧，并给他划定了伐木范围。这一天，工人砍了 18 棵树。老板说："不错，就这么干。"工人很受鼓舞，第二天干得更加起劲，但是他只砍了 15 棵树；第三天，他加倍努力，可是只砍了 10 棵。工人觉得很惭愧，跑到老板那儿道歉，说自己也不知道怎么了，好像力气越来越小了。老板问他："你上一次磨斧子是在什么时候？""磨斧子？"工人诧异地说，"我天天忙着砍树，哪里有工夫磨斧子。"

那个工人感觉砍树吃力的时候，就应想到该去磨斧子了。同样，当我们做教育觉得吃力时，就该想到进修充电，而不是一味抱怨教育要求高，读书是教师最省力的充电方式。

人类最伟大的思想、最重要的智慧都浓缩在书本墨香里。阅读是学习最本质的特征，要形成智慧没有阅读能力是做不到的。做有智慧的教师，要具备较高的素养，可以从书中习得，可以在实践中积累。教师的综合素质不仅涵盖学科知识、教育知识，也包括人文知识、科学知识。应引导学生读纸质的书，引导学生利用网络进行学习，引导学生读"生活"这本活书，引导学生认识自己脚下的土地以及土地上的文化与父老乡亲。"一方水土养育一方人"，在长期的历史实践中，每一个地方的老百姓都找到了一种适合于在自己乡土上生存的生产方式和生活方式，并形成了相应的地方文化与地方知识。人通过读书，养成了读书的兴趣和习惯，获得了知识，为一生的发展奠定了坚实的基础。一个无法创造令学生兴致勃勃甚至终生难忘的学习场景的教师，无论如何也不能说是优秀的教师；一个无法让学生体验到思考的艰辛与愉悦，不能点燃学生探索世界的"第一颗火星"的教师，无论如何也不能算是真正的教育者；一个无法让学生在课堂上领悟到知识的奥秘、生活的意义、人生的价值的教师，无论如何也不能称为学生的"导师"。善于读书和不乐于读书的人，其思维、境界，甚至是散发出来的气场，都是截然不同的，何况是承担"传道授业解惑"之责的教师。"生活在书籍的世界里"，就是追求思想的美，享受文化的财富，使自己变得更加高尚。人这一生，一定要有别人拿不走的东西，你从书中得到的东西就是其中之一。

阅读，让我们归于平静，似与伟人、名人对话；思考，让我们穿越岁月的迷雾，锤炼教育的智慧。有学者说，对于女教师，书籍是最好的美容品，它能展现你的气质与众不同；对于男教师，书籍是一张挺酷的名片，它能让你更厚重。金庸说，只要有书读，做人就幸福。梦想在心中，创造在手中，教师要想成功，一步登天做不到，但一步一个脚印能做到；一鸣惊人不好成，但全新做好一件事可以成；一下子成名不可能，但每天进步一点点有可能。更重要的是，要把读书当作第一精神需要，要有读书的兴趣，要博览群书，要能在书本面前坐下来，要深入地思考。读书，是教师生命的有机组成部分。教师要坚持行走在教育、教学、教研一线的田野，用心耕耘，才能收获专业成长的芳香。

细数阅读过的文章，塞缪尔·乌尔曼所写的短文《青春》给我留下了深刻的印象。这篇短文写于20世纪初，不足500字，但有无数人为之倾倒。格拉斯·麦克阿瑟将军生前视《青春》一文为座右铭，不但时常引用，还将其精心装裱后摆在自己的办公室里。松下电器的创始人松下幸之助也曾把《青春》当作他的座右铭。寻求出类拔萃、品格卓越的进步，不能不依靠青春的活力以及它派生的新鲜认识和实践精神。《青春》一文虽短，但有着非同寻常的意义。在课程改革不断深入、素质教育稳步推进、教育形势日新月异的今天，如果大家能深入地读读这些文字，细细品味其中的道理，相信此文对青春的解读和蕴含的奋发、进取精神对于大家一定会有所帮助。

青春

——塞缪尔·乌尔曼

青春不是年华，而是心境；青春不是桃面、丹唇、柔膝，而是深沉的意志、恢宏的想象、炽热的感情；青春是生命的深泉涌流。

青春气贯长虹，勇锐盖过怯弱，进取压倒苟安。如此锐气，二十后生有之，六旬男子则更多见。年岁有加，并非垂老；理想丢弃，方堕暮年。

岁月悠悠，衰微只及肌肤；热忱抛却，颓废必致灵魂。忧烦、惶恐、丧失自信，定使心灵扭曲，意气如灰。

无论年届花甲，抑或二八芳龄，心中皆有生命之欢乐，奇迹之诱惑，孩童般天真久盛不衰。

人的心灵应如浩渺瀚海，只有不断接纳美好、希望、欢乐、勇气和力量的百川，才能青春永驻、风华长存。

一旦心海枯竭，锐气便被冰雪覆盖，玩世不恭、自暴自弃油然而生，即使年方二十，实已垂垂老矣；然则只要虚怀若谷，让喜悦、达观、仁爱充盈其间，你就有望在八十高龄告别尘寰时仍觉年轻。

有句话说得好，世上没有白走的路，更没有白读的书。读书的根本目的是让自己明白世界、看清自己，让自己在无所事事的时候，能有一股量推动自己往前走。今天的太阳永远也晒不干明天的衣裳，人可以慢行，但不能停步。在读书上花的每一分钟都会在未来的某个时刻得到回报，读过的每一页书都在默默塑造一个更好的你。读书，是教师专业成长必需的方式，是最长远的备课，是最好的教学准备。实践表明，阅读是教师夯实专业基础、培育专业情怀、培养专业精神和丰盈专业思想的重要途径，是通达教师专业成长的阶梯。正是阅读，让北京十一学校联盟总校李希贵校长实现了从语文教师、班主任到校长、教育局局长再到国家督学、当代教育家的专业成长。他说："读书，使我顿悟了教育；教育，使我顿悟了人生；阅读不但可以改变教师匮乏、劳累、烦琐的人生状态，而且教师在阅读中积累得越多，给孩子们攀爬的阶梯就搭建得越结实、越长远。"教师因读书铸就的灵魂，便成了教育的永恒爱心、理想信念、道德良知以及社会责任心。这才是一个真正的教师不可或缺的精神底子。

每一天都阅读和思考，做一个不间断的学习者。

第四节　反思悟理

教学反思是教师以自己的教学活动过程和课堂教学实践作为思考对象而进行全面、深入、冷静的思考和总结，对自己在教学活动过程和课堂教学实践中所做出的行为决策以及由此产生的结果进行审视和分析的过程，是教师专业发展和自我成长的核心因素，是优秀教师在成长过程中不可缺少的重要环节。古人说："行有不得，反求诸己。"善于反思不仅是个人成长的必要条件，也是教师成长的重要法宝。正如苏格拉底所言，一个未经审视的人生是不值得过的。教育作为一种社会实践，最需要的是实践智慧，需要根据具体情境找到适度平衡。希望教师们能够在现实情境中坚持反思，审慎地做出选择，践行自己的信念，过一种以身体道、知行合一的生活。

反思是自己看自己。反思的前提条件是把自己分离为"现实的自我"和"理想的自我"，进而构建一个"理想的自我"。以"理想的自我"为鉴观察、判断和评价"现实的自我"。一堂好课，不仅仅是传授给学生关于自然和人文的知识，还应该通过一堂堂课，让学生学会发现和解决问题，维护和创造和谐的世界。课堂要开放、创新，要有好的设计、语言、提问、沟通和反思。一个好的教师,只有依据学生的心理认知基础和具体的课堂情境,通过教学技术和艺术打动学生,方可助推学生敲开智慧的大门,寻求真知,提高能力。这正如玉石须借助于技师的千磨万琢才能放射出璀璨的光芒一样,教育文本所深藏的道德价值、科学知识只有经过我们教师的发现和挖掘,才能焕发出生命的活力,才能让学生的道德情感健康发展,让学生的知识能力得到稳固发展。教育是一种环境,是系统发展过程中,心对心的感应。教育是爱,不是分数和服从,是给孩子一个梦想,不断提升生命的质量。

教学反思,要掌握反思的要点,明确为何思、思什么、往哪思、怎样思,才能快速步入反思的正轨,加速提升教学反思质量。反思必须贯穿于教学的整个过程,既要有教学设计过程中的"行动前反思",又要有教学过程中的"行动中反思",还要有教学后的"行动后反思",形成自己对教学现象、教学问题的独立思考和创新性见解,真正成为教学和科研的主人。青年教师更要经常反思自己,记录成长故事,寻找教学灵感,提炼教育精髓,铺就成功之路。给自己一个目标,给自己一个达成目标的时间。成功没有捷径,必须把卓越转变成身上的一个特质,最大限度地发挥天赋、才能、技巧,把注意力集中在那些将会改变一切的细节上。对自己的教育人生要有清醒的认识和规划,感受自我存在的价值和意义。成长为一名成熟、具有专业本领的教师,发展自己是对学生最好的负责。从现在开始,尽自己最大能力去做,会发现生活将给你惊人的回报。

教育事关民族兴衰,教师还要有一份对国家的责任。一份又一份的调查报告显示,中国学生与欧美国家学生相比,创新精神、实践能力、合作能力和人际交往能力是有差别的。国家综合实力的竞争说到底是人才的竞争，我们教师担负着为中华民族伟大复兴培养人才的重任。只有具有国家责任感的教师群体，才会成为一个民族的精神脊梁，为民族发展提供源源不断的人力资源和精神动力。教师应用心去感受教育，用心去做好教育，用漫长的一生去守候每一粒种子，用最真的心去雕琢每一块璞玉。

1965 年，一位韩国学生到剑桥大学主修心理学。下午，他常常到学校的咖啡厅或茶座听一些成功人士聊天。这些成功人士包括诺贝尔奖获得者、某一些领域的学术权威和一些创造了经济神话的人。这些人幽默风趣，举重若轻，把自己的成功看得非常自然和顺理成章。时间长了，这位学生发现，他被韩国一些成功人士欺骗了，那些人为了让正在创业的人知难而退，普遍把自己的成功艰辛夸大了，也就是说，他们用自己的成功经历吓唬那些还没取得成功的人。作为心理系的学生，这位学生认为很有必要对韩国成功人士的心态加以研究。1970 年，他把毕业论文《成功并不像你想象的那么难》提交给现代经济心理学的创始人威尔·布雷登教授。布雷登教授读后，大为惊喜，认为这是个新发现，这种现象虽然在东方甚至在世界各地普遍存在，但此前还没有一个人大胆地提出来并加以研究。惊喜之余，布雷登写信给他的剑桥校友——当时的韩国总统朴正熙。布雷登在信中说："我不敢说这部著作对你有多大的帮助，但我敢肯定它比你的任何一个政令都能产生震动。"

后来《成功并不像你想象的那么难》鼓舞了许多人，因为它从一个新的角度告诉人们，成功与"劳其筋骨，饿其体肤""头悬梁，锥刺股"没有必然的联系。只要对某一项事业感兴趣，长久地坚持下去就会成功，因为时间和智慧可以圆满完成一件事情。后来，这位青年也获得了成功，他成了韩国泛业汽车公司的总裁。可见，人生中的许多事，只要想做，都能做到，该克服的困难，也都能克服；只要一个人还在朴实而饶有兴趣地生活着，他终究会成功。人生实苦，唯有自渡。在这个世界上，任何人都无法改变你，除非那个人是你自己。孔子曾曰"君子求诸己，小人求诸人"：学会从自身找原因，既然改变不了别人，那就改变自己。

在反思教学即在教师的研究性学习中，教师的角色发生了两个变化：由单纯的教育工作者变为研究型教师；由"传道、授业、解惑者"变为"学习型、发展型"的教师，实现了教学与研究、工作与学习的一体化。因此，从教师成长的角度看，反思教学也是教师的一种自我学习和自我提高；学习的方式是探究式、发现式的，学习的主体是自己，对象是教育实践；学习过程中的关键环节是反思和探究。一个优秀的教师应该能够充分享受教育生活带来的感动和喜悦，能够通过阅读提升自己，通过记录反思自己，通过教学磨砺自己，成为教育教学的能人。思之则活，思活则深，思深则透，思透则新，思新则进。反思自己的教学行为，总结教学的得失与成败，对整个教学过程进行回顾、分析和审视，才能形成自我反思的意识和自我监控的能力，才能不断丰富自我素养，逐步完善教学艺术，提升自我发展能力。教师有了专业上的成长和成就，就有了职业上的尊严，就能在奉献中收获，就能实现教师的自我价值。三十几年教书育人的一个个片段，让我不断反省自己：爱是教育的最高境界，是自然流溢的奉献。尊重是教育的真谛，是创造的源泉。我们要以更百倍的努力，用梦想成就梦想、用激情点燃激情、用智慧彰显智慧，去成就学生、幸福家长、精彩自己，创造更加美好的明天！拼搏的人生，没有终点，只有前方——前方，风景更美！

第五节　马上行动

给自己一个梦想，坚信它，坚持它，坚守它，并让自己行动起来。一个人，选择了教师这个职业，就决定了要过教师的生活。有人说，教师的生活是平凡的，因为备课、上课、听课是教师职业所要求的，辅导、批改、监考也是教师应该做的，每天、每个学期、每年做的事情大同小异。也有人说，教师的生活是丰富多彩的，教师的世界是坚守的课堂阵地，课堂可以变得丰富多彩；也有人说，教师的生活是快乐的，因为教师生活在相对平静的校园中，享受着丰富的精神食粮，培养着祖国的花朵。教师，做人要有气质，做事要有风格和特色，要成为行动的巨人。高层次的、丰满的、闪耀着灿烂人性的特色，我们称之为"教师的品位"。一个教师有了这独具的、高尚的品位，就会使其教育教学洋溢着风采、充满着生机，他用自己的知识、智慧、品德培养着有知识、有智慧、有品德的人。从心理学的角度来说就是：人的抱负层次越高，成就也越大；从文学的角度来说就是：人活着，一定要有生活的目标。

教育中有舍弃，但不是牺牲；教育中有困苦，但更有享受；教育不是重复，而是创造：教育不是谋生的手段，而是生活本身。教育是一份事业，让我们绕开喧嚣的人群，逃离灯红酒绿，安于寂寞，甘于付出。

教师的一生不一定要干成什么惊天动地的伟业,但它应当如百合,展开是一朵花,凝聚成一枚果;但它应当如星辰,远望像一盏灯,近看似一团火。当意识到生命的蜡烛在"照亮"学生的同时也应"照亮"自己时,教师是不是应该投入自我发展、自我完善的境界中,寻求一种生命的意义、追求的乐趣呢?在工作生涯中,有三首歌对我影响深刻:一是西游记的主题曲《敢问路在何方》——路在脚下;二是一首传唱已久的粤语歌曲《爱拼才会赢》——三分天注定,七分靠打拼,爱拼才会赢;三是《国际歌》——从来就没有什么救世主,也不靠神仙皇帝,一切全靠我们自己。人生注定有梦,而教师要与教育的梦想统一起来,用行动诠释责任。

第六节　心态平和

做教师,做一个好教师,无论多么努力,总有怅然和失意,所以更要学会面对,要具有良好的心理素质。

人生需要执着,但也要随缘。教师也该如此,简单地活着,善良、率直、坦荡,如此才有时间和心情去品评人生的况味,享受人生的乐趣。在世事的牵累、终日的忙碌中,偷出空闲,修饰、滋养自己,用淡然去呵护心境,呈现的是清晨阳光般的笑容,是端庄的气度,是深厚的内涵。白日的尘埃落定,在灯下读一点书,修复日渐粗粝的灵魂,使自己依然温婉和悦,放达宽厚,修炼从容的心态、健康的心智;爱恨情仇,恩怨得失,虽无法忘记,但可以宽宥,让一切慢慢沉淀在记忆里,因为自己清楚,有些记忆的唯一归宿是从心灵到坟墓。远离刻薄和庸俗,明白什么是爱,什么不是爱;什么是属于自己的,什么是不属于自己的。让自己像秋叶般静美,淡淡地来,淡淡地去,淡淡地相处,给人以宁静,给人以淡淡的感觉,活得简单而有味道。

坦然也是一种心境。坦然即为释然,不为尘世所羁绊,是面对一切的不计较,无论是金钱、名利、地位;坦然,亦是豁达,是一种胸襟、一份宽容,是面对现实的一种从容不惊,是一种境界、一种人生的品质升华。它不同于古代智者的"顺天而行""无为而治",也不是不在乎、任其发展。而是"有为"后的一种心理状态。人生之路并不都是充满阳光鲜花的大道,有时也会有沟沟坎坎、磕磕绊绊,许多成败得失,并不都是我们能预料到的,也不是我们都能够承受的。但只要我们努力去做,求得一份付出后的坦然,得到的也会是一种快乐。被批评了,没关系,及时改正,吸取教训;受到表扬了,别得意,总结经验,再接再厉;得到了,不沾沾自喜,矫揉造作;失去了,不颓废沮丧,妄自菲薄;只要有一颗坦然的心,真真实实地生活,得之淡然,失之坦然,笑看风云变化,就会发现原来一切也不过如此。生活,需要坦然地面对,笑看人生路,生活才会绽放最美丽的花朵。用一个微笑宽恕了他人不经意的过错,是坦然;以一席话抚慰周围的抱怨,是坦然;让曾经的荣誉被风带走,是坦然;化一层后悔的记忆为尘埃,是坦然;看着伤口只想到它会愈合的,是坦然;面朝大海,会看到春暖花开,是坦然;回首过去,只看见阳光,是坦然;眺望未来,只目及朝霞,是坦然……即使再繁复的线条、再难缠的结点、再山重水复的旅程,只要让坦然与你同行,你就会知道幸福的理由。

必然是什么?决心为自己而活,照自己的方式做自己喜欢的事,不在乎别人的流言蜚语，只在乎那一份从心所欲的舒坦自然。人生一世，无非是尽心尽力，对自己尽心，对所爱的人尽心，对生活的这块土地尽心，既然尽心了，便无所谓得失，无所谓成败荣辱。很多事舍得下、放得开，懂得舍、懂得放，自然是春风得意、月明星高。"顺其自然"是有的人遇到解决不了问题而又想解决问题处于无奈境地时，搪塞自己的一句话。一切无法回答的问题都可以用顺其自然来解释。有时候想想，顺其自然真好。

记得王安石曾说过，"看似寻常最奇崛，成如容易却艰辛"。在平淡中寻求快乐，让自己身上的每一个细胞都透露着快乐的信息，用快乐去感染周边的人，给世界一个微笑，我们足以影响整个世界。为自己点燃一盏心灯，沉淀心灵的悸动，聆听内心的回音，让自己在凡尘中独守飘逸，在喧嚣中品味隽永，在浊世中散发馥郁，在逆流中坚守风骨。看懂真理，往往只因一件平凡的小事。成就教育事业，只要教师有责任心（道德良心），有思考的大脑（才智），有健康的身体（体魄），就足够了。做教师不容易，面对繁杂的尘世，人的成长没有小事，老师的心情也会变化。从真开始，回归本质，做教育，并不是件难事。未来开启了教师职业生活的幸福之门，做幸福的教师。如何幸福地工作，关键是要给自己的心情上好保险，保护好心情，为自己的事业加分。让自己学会应对一切，那么你的灵魂将会变得饱满而圆润，时刻不要忘记给自己的心情镶一道金边，因为心情也有颜色。

站在人生的舞台，会遇到各种障碍；站在人生的舞台，会遇到各种机遇。但机遇总是垂青那些最有准备的头脑。只有选择坚持的人，才会使遥不可及的梦想，变成唾手可得的现实。

生命不会重复，错过了，也就错过了，我们要做的就是尽量把握当下，相信自己的选择，哪怕它并不完美。没有挑战、没有压力的人生，索然无味，没有不断打拼、追逐梦想的过程，即使有美丽的底色，也不会成为绚丽的画卷。

想一想一年后的自己，想一想十年后的自己，再想一想二十年后的自己，一切都要坦然面对。

心中有景，芳香满径。带着一颗快乐的心去看世界，世界也是美丽的。

天蓝草碧，云白风清，心不设防，天宽地长。

第七节　学做教育家

教师，都有一个神圣的梦，那就是成为一名真正的教育研究者，做一名教育家，成为"大先生"。毋庸置疑，教师成长最有效的途径就是实践，即在教师工作岗位上磨砺成长，建功立业。所以，教师要爱岗敬业，扎根课堂，坚定地在专业实践中立德、立功、立言和立人，不断提高自己的专业本领，从而实现教师职业的意义和幸福。

在教育改革逐步深入的今天，培养德才兼备的教师，造就杰出的教育家，是时代的呼唤，是深化教育改革的必然要求，是我国教育事业中长期发展的战略目标和任务之一。教育是有规律的，按照规律办学就会事半功倍，否则就会贻误青少年的成长。可见教师职业也不是什么人都可以胜任的，教师是一门需要具备专业素养的职业。许多教师一辈子从事教育工作，培养了一大批人才，而且有自己的教育思想、教育风格,这就是教育家。教育家首先是教育改革家,是教育改革的领军人物,是教育改革的一面旗帜,是教育改革的弄潮儿。教育家要有创见、有贡献、有作为、有造诣、有影响,始终站在教育改革的前沿,引领教育改革的潮流。杜威是如此,陶行知是如此,苏霍姆林斯基也是如此。他们对教育的本质、教育的价值、教育的功能有深刻的认识,有自己独到的见解;他们敢于与旧教育、与陈腐落后的传统教育决裂,并从本国、本地、本校实际出发,系统地提出独树一帜的教育思想、教育理论;更可贵的是,他们勇于实践,勇于在实践、实验过程中,践行自己的教育理念,使之不断丰富、完善;他们著书立说,自成一家,坚持不懈地宣传自己的教育主张,被越来越多的教育者认同、接纳并以此指导教育实践;他们有独立的个性人格,不随波逐流,不人云亦云,不畏惧退缩,坚守自己的教育理想和教育信念,绝不半途而废。

今天,有志于教育事业的教师,学习杜威,学习陶行知,学习苏霍姆林斯基,最重要的是学习他们勇于实践、勇于改革、勇于实验的品格和精神,敢于和应试教育决裂,努力探索具有时代特征、能够最大限度促进学生主动地、生动活泼地发展的教育理念和模式,为他们的幸福人生奠基,为教育改革和发展做出贡献。教育家的成长,需要外部家庭因素、环境因素、教育因素、机遇等的支持,但是归根到底是其自身内部矛盾运动的结果。任何一位教育家都是一个独一无二的个体,是具有主体性、能动性、积极性、创造性的个体。他们每个人的成长都是其他组织、个人不可替代的,也是不可复制的。教育家的成长,需要外部的力量,需要接受教育、接受培训,但这绝不是外部力量可以造就的,也绝不是培养、训练出来的。教育家的成长是一个开放的系统活动，是个人与社会互动，个人与组织、团队互动，个人与环境互动的经历。因此，全社会、整个教育系统都应为教育家的成长创造宽松的环境和条件，发挥社会力量、教育力量，促使教师脱颖而出，激励他们更快更好地发展，为他们提供发展的平台，促进他们将可能性因素转化为现实性因素。

杜威创办芝加哥大学实验学校，在长达8年的教育实验中，提出"教育即生长""教育即生活""学校即社会"等教育观点。陶行知在创办晓庄乡村师范学校、育才学校、新安小学、社会大学过程中，对杜威的教育观点进行了改造，提出"生活即教育""教学做合一"等教育主张，并结合中国国情提出了平民教育、乡村教育、民主教育、创造教育等思想，形成陶行知教育思想体系。苏霍姆林斯基正是在帕夫雷什中学长达23年的教育实验中，边工作，边研究，形成了有关个性全面发展的教育理论。教育实验促进了教育科学的发展，是教育科学发展的"转角石"，也是教育家成长的"转角石"。

建设教育强国，需要大批根植于实践的教育家。教育家不是"望而生畏""望尘莫及"的，教育家成长有其自身规律。于漪从一名普通中学教师成为人民教育家，离不开八大成长要素：薪传师道、民族铸魂、目中有人、生命歌唱、选择高尚、极致追求、教育自信、自我超越。中国情境教育学派创始人李吉林，从一名普通小学教师成长为著名儿童教育家，同样离不开八大成长要素：草根底色、职业认同、挚爱儿童、勇于创新、百折不挠、思考写作、学思互动、文化滋养。教育家的成长也不是一帆风顺的，而是经历了一个艰难曲折的长期的过程。他们始终坚守自己的教育理想和教育信念，孜孜以求，绝不轻言放弃；他们拒绝浮躁和诱惑，把名利视为身外之物，坚定不移地朝着既定目标前进；他们绝不轻信盲从，不跪倒在经典和权威面前，不唯书，不唯上，敢于质疑，挑战已有的结论和观点；他们淡泊明志，宁静致远，以平和积极的心态，坚持走正确的道路。正如爱因斯坦所说，不管时代的潮流和社会的风尚怎样，人总是可以凭着自己高尚的品质，超越时代和社会，走正确的路；现在很多人为了车子、房子等物质层面的东西而奔波，但还是有不少人不去追求物质层面的东西，他们追求理想和真理，得到了内心的自由和安静。教育家不正是这样的吗？或许我们终究是教育史上的"路人"，走过，但不能错过。"前方是什么？我只知道已不能后退。前方有什么？只管怎么走，一直前行。"左手梦想，右手幸福。作为学生成长的引路人，教师需要不断修炼独立思考能力和专业领悟能力，养成勤于思考、善于思考和乐于思考的习惯，并通过思考来丰盈自己的思想，来树立教书育人的信念，来驾驭年轻的心灵，来点燃学生的学习愿望，来唤醒学生向真、向善和向美的力量，使他们能主动地追寻自己的"诗和远方"。人生宝贵，愿在接下来的日子里，我们能不负韶华，砥砺前行。迷茫时多读书，烦躁时勤运动，独处时深思考，自信坚定地奔向更加美好的生活。未来的教师需要积极适应教育与学习的变革，能在教学工作中承担更为多样与专业的角色，具备更高、更全面的专业素养。

第一节　学生成长期的心理健康教育

帮助学生具备良好的心理素质，正确引导、帮助学生健康成长，是素质教育对广大教师提出的必然要求。在未来人才的综合素质结构中，心理素质越来越重要，乐观开朗、积极进取、坚韧不拔等个性心理品质对人的健康成长和事业的成功起着重要作用。我国当代中学生大多具有众多的优良个性，但也有一部分学生心理素质不健全，个别学生甚至产生了较严重的心理障碍。震惊全国的"徐力弑母"案便是一个典型的例证。当前，我国在中学生心理健康方面提供专门教育和咨询的部门还很少或不健全，所以就有赖于广大教师担当起这一历史重任，根据学生的心理发展特点和身心发展规律，有针对性地实施教育，建立一个有利于学生心理健康发展的教育环境，促使学生全面发展。教师应至少要做好以下三方面工作。

一、重视提高自身素质

教师是学校教育工作的组织者、实施者，其自身素质的高低直接影响到教育的实效。教师为了实现在学生心理健康教育中的主导作用，必须首先注意提高自身素质。这包括以下三方面的内容。第一，要提高自身学科综合能力，认真学习和研究教育教学规律，做到才识卓异、以技服人。在新的教育形势下，新的教学模式、新的教学方法进入课堂，一个高水平的教师不再是"一桶水"而是"一眼泉"，要有长流水，要不断变换出新东西给学生。教师具有了丰富的学科知识，教学技巧娴熟，上课就有吸引力，就会给学生营造一种轻松愉悦感，就能激发学生学习的兴趣，学习也就不再枯燥，而是一种美的享受。学生在校内的主要任务和主导活动是学习，而学生身心的发展又是通过学习实现的，所以，学生的许多心理问题就源于学习的压力与挫折。只要教师自身素质提高了，就能保证在规定时间内完成教学任务，从而减轻学生过重的课业负担，相对地延长其发展个性、培养兴趣、开展课外活动的时间，促使其心理轻松、健康发展。第二，教师要构建自身良好的心理素质。"只有心理健康的教师，才能培养出心理健康的学生。"教师是一种特殊的职业，工作对象是学生。学生来自不同的家庭，其生活条件、成长环境、文化背景等各不相同，他们的心理状态、心理素质也不尽相同。这就要求教师必须具备较强的自控能力，调节好自己的心态，增强适应性，主动接受未来的挑战。教师不但要在教学上，在任何方面都要为人师表，要学会调节情绪自我。如果教师心理品质不佳，烦躁易怒，处理问题不理智或者不能公平地对待每一个学生，就会伤害学生的心理，使学生产生对立或消极自卑的情绪，养成不良心态。第三，要转变观念，培养创新精神。现代心理学研究表明，创新能力是个体心理健康的先决条件，是个体自发完善的前提。创新精神具有自激性特征，在情感因素的推动下，创新精神具有自我积淀和完善的功能，每一次创新实践都有自我激励的作用。所以，在教育过程中，教师要转变观念，树立为学生服务的思想，千方百计地创设条件，利用一切可能的机会，调动所有积极因素，激发学生独立思考和创新的意识，让学生去参与、感受、理解知识产生和发展的过程，去品尝成功的喜悦，调动起学生最强烈的求知欲，便可最大限度地降低学生学习的畏难情绪，使其能在良好的民主教学气氛中勇于发现自我、表现自我，敢于发表独特见解，逐渐成长为具有探索精神、能承受挫折和失败的强者。创新精神的塑造、创新思维的培养，正是现代教育追求的目标。心理学家奥托说，所有的人都有惊人的创造力。当代每位教师都应该有这种强烈的育人意识和责任感，引导每一个学生成才。

二、重视情商教育

美国心理学家戈尔曼研究认为，在人的成功因素中，20% 取决于智商，80% 取决于情商，情商的核心是社会适应能力，泛指人的道德素质和心理素质。可见，健康的情商是成功的基石。实践表明，当前存在于学生中的许多心理问题，并非全是学习压力造成的，而是情商认识水平不高的直接结果。例如，部分中学生吃穿攀比、情感脆弱、性格偏执、爱慕虚荣等，其根源在于情商偏低。所以，教师必须充分认识到情商教育的重要性，在传授知识的同时，真诚地对待每一位学生，启迪学生心灵，帮助学生认识自我、完善自我，增强他们克服困难、争取胜利的自信心，使向上、务实、奋斗成为他们一生的目标。

三、对中学生实施形成性教育

心理学研究证明，人的心理发展具有明显的阶段性。实施形成性教育是由中学生的特点所决定的。中学生正处于青春期，这一时期也是其心理发生质变的重要关口。教师抓住这一时期对学生进行形成性教育是非常必要的。师生朝夕相处，彼此了解、信任，双方相互交流、谈心，教师能给学生提供积极的帮助。良好的师生关系有利于学生良好心理品质及行为习惯的养成，从而提高学生的综合能力和素质，实现学生全面发展。中学生心理健康教育任重而道远，教师一方面要自觉按照教育规律和学生的心理规律组织教学，开展教学；另一方面要热爱学生、理解学生，做学生的知心人和健康成长的引路人。"教育技巧的顶峰——即达到师生之间心理交往的和谐境界。"唯有如此，才能使中学生的心理健康教育步入正轨，和谐发展。

第二节　爱学生，请从尊重开始

师生关系是教育活动中最重要的一种关系，甚至可以将其称为教育的基础性关系。师生关系是所有教育关系和规范的微观基础，它从根本上决定和制约了学校的制度和国家的体制，也是一切教育政策的微观基础和最终的着眼点。这原本是一个普通的话题，但在今天的新教育形势下，其又是一个常说常新的话题。小学和初中阶段，学生看重的是教师的态度、性格和知识水平；高中、大学阶段，学生看重的是教师的人格魅力、专业化水平。师生和谐关系的创设、维护、发展是需要双方共同努力，体现在课堂教学中、平常交流接触过程中。师生关系首先是纯洁的，贵在坦诚相知、真诚相待、民主、平等。教师要甘愿付出，心中装着学生，热情服务于学生，时时刻刻关注学生的健康成长、成才。一个对学生充满人文关怀的教师，会站在更高的角度去关注学生、思考人性。师生之间的关系要建立在宽容、信任、互助、理解、支持的基础上，互相尊重，平等对待，才会步入正轨，健康发展，也会更加牢固、久远。

我们用多年的光阴，明白了教师的本质身份是"人"，学生也是"人"。师生关系说到底依旧是人与人的关系，平等的、尊重的、关爱的人与人之间的关系。师生关系的最高境界是相互欣赏，教育学生要从我国的教育传统出发，吸收教育传统中的精华，谨慎处理好教育手段的继承与超越的关系，要借鉴，而不能照搬。好的关系，就是好的教育。教师要在学生面前保持尊严，以人格感染学生，做学生的榜样，让学生既有亲近之情，又有敬畏之心，能成为最受学生爱戴之人。教师应该潜下心来，尽其所能把学生培养成适应中国特色社会主义建设事业需要的新人，为学生一生的发展负责，这才是教师对学生实实在在的爱。学生也会因此感动，而去真心真意热爱老师，自觉自愿地去做好自己该做的事。如此，师生共同成长。

教育是一门科学，也是一门艺术，其目标在于研究学生、尊重学生，从而更好地发展学生。美国教育家爱默生指出，教育成功的秘诀在于尊重学生。这种尊重首先是要把学生看成有思想、有个性的"完全平等的人"。教师只有了解学生，才能使引导与影响产生作用。尊重、平等、爱护学生才能将教师的付出变为现实。只有尊重学生，与学生平等相处，做到心与心的沟通，给予他们更多的宽容、鼓励和激发，才能发挥出学生的潜能。诗人普希金曾经说过这样一句话："尊重别人吧，它会使别人的快乐加倍，也能使别人的痛苦减半。"尊重别人，不仅是自己的素质、修养的一种表现，而且能使被尊重的人获得自信与力量。

教师大都认为自己爱学生，但有的学生感受不到师爱或者坦言难以承受教师厚重的爱。产生这一现象的原因在于教师认为自己为学生付出了时间和精力，就是爱的体现。那么什么是爱？爱是无条件、无区分的，真爱是站在对方的角度思考，付出不求回报，让对方努力从自身建设出发，成为有独立人格、健全才智的自己。尊重的教育就是教师应帮助学生成为有主见的人，让他自己去体验生活、领悟生活，学会坦然面对问题，自己去勇敢担当责任。然而现实中大部分教育的失误却在于教师的爱心和尊重不够，没能进入学生的心灵。学生是一个正在成长的群体，在学习生活中不可避免地会出现各种问题。爱之深，责之切，从表面上看是对学生的严格要求，但这种严格要求并没有达到预想的效果，究其根源是对学生缺乏民主意识与尊重态度。这种缺乏尊重的"爱"，是带有强制性的，这样的"爱"让学生觉得自己处于被动的地位，或多或少就产生了一些逆反心理，表现也会越来越差。教师应从学生的角度出发，去理解他们的行为，做倾听者、疏导者，和学生探讨解决问题的方法，履行好自己作为指导者的责任。因此，在教学过程中，教师应时时处处提醒自己尊重学生，真诚地把学生当朋友，把一次次严厉的批评改成一次次推心置腹的促膝长谈，把一次次勃然大怒改成一次次心平气和的晓之以理。这是一种以人为本的宽容和指导，更是一种发自肺腑的爱的关怀。2021年教师节前夕，我收到了一份来自美国加州的珍贵贺卡，这是我曾教过的小惠同学寄来的。她在贺卡中写道："老师，离开才知珍重，曾经我不是一个努力的学生，所以你会时常教训我，我懂你的关怀和严厉，但当时不能很好地接受或者去改变自己。当你批评我的时候，我很难过，可我好希望能有机会听到你的表扬啊。"读罢，我感到心情沉重，也多了一份自责。我们的教育是要把学生变成听话、勤奋的人，还是让他们顺应天性、有个性地发展呢？教师的关爱往往是从自己单向出发的，想的是给予，忽略了学生的主体需求。

世界上没有两片完全相同的叶子，更没有两个完全相同的学生。每个人的珍贵之处在于你就是你，而不是别人的复制品。教师是学生成长中的"重要他人"，应该把学生真正纳入一种平等、理解、双向互动的师生关系之中。正如当代人本主义教育家罗杰斯所认为的那样，真正有意义的学习是建立在正确的人际关系、态度和素养上的。而师爱则处于师生关系金字塔的顶端，是教师做好教育工作的精神力量，更是通向学生内心世界的钥匙，是培养学生优秀品质的重要手段；师爱是教育的灵魂，是教育的前提，缺少了师爱就是断掉了师生联系的纽带，教育就无从谈起。所以，师爱要适时有度、循序渐进。

爱心是有效教育的基础，而尊重是爱心的自然流露和必然表现形式。人民教师的职业是非常光荣而神圣的，一名合格的教师应当首先是热爱学生的，这种爱是渗透在教师的每一堂课里的，是体现在教师的每一句话里的，教师必须尊重学生，善于为学生创造发展自我、实现自我及自我表现的空间。这就是教育工作者的为师之道，是多年教育教学工作的经验之谈。每一个人都有自尊心，学生的自尊心是稚嫩的，是需要呵护的。新理念下的教学行为中，教师不再是学生们的"王者""课堂的绝对主宰"，如果在教学中盛气凌人地训斥甚至侮辱学生，学生的自尊心就会受到伤害，心灵就会受到打击。世界著名心理学家布鲁诺·贝特尔海姆认为，这样的教育会导致孩子的反抗，反对父母、反对学校，或者反对整个世界。因此我们要尊重他们的人格、感情、独立意识，主动做他们的朋友，了解他们的思想，掌握他们的真实想法，及时激励、鼓励他们，让他们在一种轻松、融洽、温暖的气氛中学习、成长。当然，对于学生的错误和缺点，必须毫不犹豫地批评和矫正。宽容不是纵容，引导而不能误导，能发现他们的优点，指出他们的不足，是对他们最好的激励和尊重。教师从尊重出发，以宽容、友好的态度对待学生，加强心灵间的沟通，使学生最大限度地发挥主观能动性，成为有能力、有追求、完整、独立的自己。

尊重，是爱的最高形式。爱，是教育的永恒主题。尊重，是教育中爱的最核心的意义。显然，教育中的爱与生活中的爱，在内涵上是有众多不同的。教育中的爱，从尊重开始，以尊重收束。只有尊重学生，才会理解学生；只有理解学生，才可以选择最合适的教育方式。身为教师，我们天天面对的是一群思想活跃、个性各异，兴趣广泛、志向远大、自尊自爱、争强好胜的孩子。他们或许不够成熟、情绪多变、心理脆弱，或许有不理智的举动、做法，我们应该从人民教师职业的高度理解和宽容他们，以真情实意打动他们。因此，教师要把热爱学生和尊重学生同举并行，平等地对待每一位学生，真诚地热爱每一个生命，用尊重与爱去构筑学生健康的人格，真正把学生当朋友，重视他们、欣赏他们、引导他们，倾听他们的意见，接纳他们的感受，包容他们的过失，分享他们的喜悦。这样一来，学生就会感受到教师对他们的尊重，就会觉得自己是有价值、有潜能的人，就会奋发进取，因为被尊重是每一个学生最基础的需要，更是每个学生进步的内在动力。教有法，育有道，教师唯有对学生倾注爱，并且爱得其所，教育才能成功。

第三节　专业课堂深度追问

一、构建自主课堂，促进全面成长

英国教育学家斯宾塞在他的《教育论》中明确指出，应该引导学生自己进行探讨，自己去推论。给他们讲的应该尽量少些，而引导他们去发现的应该尽量多些。我国著名教育家陶行知先生也曾说过："我认为好的先生不是教书，不是教学生，而是教学生学。"高中新课程的重要理念之一就是"创设有利于引导学生主动学习的课程实施环境，提高学生自主学习、合作交流以及分析和解决问题的能力"。那么，如何改变学生不恰当的学习方式，使其真正成为学习的主人呢？如何给予学生高效优质的课堂，提升学生综合素养，关注学生身心成长，促进学生全面发展呢？

（一）构建自主课堂——新课程教学的出发地

自主课堂是新课程的基本要求，应变教师的被动教为学生的主动学，把学习的主动权还给学生。《基础教育课程改革纲要（试行）》中指出，"倡导学生主动参与、乐于探究、勤于动手，培养学生搜集和处理信息的能力、获取新知识的能力、分析和解决问题的能力以及交流与合作的能力"。所以，教师应在不断反思自己的课堂教学理念和教学行为的过程中，加强研究学生学习的规律和方法，探究、实践先进科学的教学模式、教学策略和课堂结构，注重实践，努力让学生成为课堂中的主体，真正体现课堂教学的价值和作用，构建自主、高效、优质的课堂，创设科学、先进的课堂文化，让课堂焕发出生命的活力。

自主课堂是主体性教育课堂化的结果，是基于师生充分自主基础上的教师专业发展和学生一般发展的教学组织形式与方法。从教学主体的角度看，自主课堂包含教师的教学自主和学生的学习自主；在具体操作层面，自主课堂着眼于自主情境的创设、自主学习的经营、自主交往的构建和自主体验的获得，它们的有机结合构成了完整的课堂生活。自主课堂，使学生的学习不只是简单的接受，而是主动参与教学、生动活泼地进行创造性学习，使学生的智能得以充分发挥。学生主体地位的确立是通过教师的主导作用来实现的，教学中教师的激发作用、启迪作用、组织作用和熏陶作用是学生主动学习的重要前提，因此教师成了课堂的组织者、引导者、合作者。

（二）精选内容，搭建平台，让学生主宰课堂

学生是自主发展的主体，是学习活动的主宰者，要提高教学质量就必须唤起学生的自主意识。只有给学生敢想、敢说、敢为的环境，才有学生自主学习的空间，才有可能使学生展开想象的翅膀，产生智慧的火花。所以，教师要精选内容，搭建平台，创造能学生自主学习的环境、机会，让学生成为课堂的主体，这是突破课堂教学改革的瓶颈，使

学生的知识与技能，过程与方法，情感、态度与价值观和谐发展等新课程理念得以实现的重要保障。比如，教师在讲授湘教版地理Ⅲ《全球定位系统及其应用》一节时，根据本节课教材内容，结合其他版本教材，鼓励学生去选择自己喜欢的学习方式，真正改变过去传统的教师讲学生听的"一言堂"形式，让学生参与教学。借助野外探险用的GPS接收机，让学生了解它的定位和导航功能，并且在校园里试用。在校园一个已知三维坐标的地方，学生拿着GPS接收机进行定位，经核准测得的数据是准确有效的。在体验GPS接收机的导航功能时，学生拿着GPS接收机在地理园、篮球场进行定点试验，确定目标地点是宿舍等，看导航是不是准确。同时，我还录下了学生体验GPS功能的过程，将视频放给学生看，极大地激发了学生学习了解全球定位系统的兴趣。

（三）合作学习，让自主课堂融入生命关怀

在课堂教学中，建立合作学习机制，营造和谐轻松的学习氛围，培养合作精神是课堂教学的一项重要任务。合作学习，既可以增加信息交流量，提高学生对各种知识的理解程度，又能让学生体会到合作的优势，体验到成功的乐趣。这种成功可以让学生产生自信，并激发强烈的内在学习动力。这正是自主课堂的魅力所在。合作学习使传统的以教师为中心、学生被动接受教师指导转变为突出学生主体地位、教师成为学生的管理者和技术"顾问"，真正发挥了学生的主观能动性和创造性。在学习《全球定位系统及其应用》之前，教师在课前一周布置任务分工，全班学生分成8个学习小组，各小组通过抽签的方

式选择全球定位系统应用的一个领域，然后课下查找相关资料，形成合作成果。上课时，学生首先交流学习成果和体会，然后每组推荐本组查找材料最丰富的同学上台向全班同学汇报。学生做了充足的准备，通过简洁的 PPT 及视频素材向全班汇报学习成果，并随时接受师生的质询，对存在的问题教师从旁点拨，问题也就迎刃而解。这样既满足了不同层次学生的需要，也培养了学生自主学习、合作交流、语言表达的能力，在课堂中融入了对学生的生命关怀。

（四）问题驱动，实现自主课堂的有效互动

没有学生积极参与的课堂教学，就不可能有高效率。课堂应是师生互动、心灵对话的舞台，应是师生舒展个性的空间，应是师生共同创造奇迹、探索世界的窗口。在新课程背景下，教师需要树立这样一种理念：课堂是动的，是活的，是情景化的，是富有个性的；课堂教学过程是师生为实现教学任务和目标，围绕教学内容，共同参与，通过对话、沟通和合作活动，产生交互影响，以动态生成的方式推进教学活动的过程。在自主课堂构建过程中，教师应以问题的形式引领学生思考及活动；教师应设计具有探究性、开放性和矛盾性的问题，借此将核心问题、思路方法、疑点难点展示给学生，将情感、态度、价值观渗透给学生。

在学习《全球定位系统及其应用》的课堂上，教师根据课堂内容和教学目标提出问题："全球定位系统（GPS）可以监测到一个点的微小的移动，你认为它还可能用来监测什么呢？""通过几位同学的汇报，我们看到美国的 GPS 功能强大、应用领域广，如果需要的话，我

们只需要花不多的钱买 GPS 接收机即可，那我们中国还需要发展我们自己的全球导航定位系统吗？"通过这些问题，加深学生对知识的理解，同时增强学生的爱国情感和责任感。最后，教师提出开放性问题——"畅想全球定位系统在未来生活中的应用"，学生纷纷发言，创造性的火花自然迸发出来，很多大胆的想法出乎教师意料，学生之间开始质疑和争论，课堂"热闹"起来。

（五）自主课堂，回归教育的原点

让学生自主的课堂，就要能让他们展开自由想象的翅膀自由飞翔的课堂。这种课堂出现意外情况的概率大增，教师必须精心考虑、周密组织，在实践中不断提高自己的引导水平。教师面对教学意外时，必须镇静从容，及时引导，根据学生的生理、心理特点采取形式多样的分类引导措施，充分发挥学生的自主精神，为他们提供展示自我的机会，使他们在合作中追寻教育的乐趣、获得教育的真知。比如，课堂上有学生提出全球导航卫星系统（GNNS）可以监测泥石流，教师要当即向学生讲明滑坡和泥石流的不同，才能让学生理解 GNNS 可以监测滑坡而不能监测泥石流的原理。

自主课堂，尊重了学生的主体地位，培养了学生的自主性、能动性和创造性，符合素质教育的要求。而教师主要是引导学生积极主动地参与课堂学习，引导学生进行质疑、调查、探究等活动，使学习成为在教师指导下主动的、富有个性的过程。每一堂课都是师生人生中美好的记忆，都是不可重复的生命体验。理想课堂就是磁力、张力、活力的和谐，用知识激活知识，用生命激扬生命，用心灵激发心灵，用人格激励人格，这才是关乎生命的教育。自主课堂通过在教学过程中真正落实"以生为本"的新型教育理念，能对学生个性培养起到积极的促进作用。学生在自主课堂中获得成功，在成功的体验中把信念植根于脚下的土地，放飞自己的心灵，获得最大的可持续发展的可能，这才是教育的初衷和根本。

二、跨学科教学中翻转课堂的创新应用——以《都江堰》为例

（一）对跨学科教学与翻转课堂的认识

跨学科教学，即跨越学科界限，破解思维断层，把各个方面的课程组合在一起，建立有意义的联系，从而使学生在更广阔的领域中学习的教学。学科教学往往忽视不同学科间的互通性，致使学生只能在单一知识体系中求知，对知识缺少系统的整合、交流、深化。而跨学科教学在学科基础上融合相关课程资源，在创新理念下，全面提升学生的综合素质。

翻转课堂，是一场学与教的革命！它是学生在课前利用教师分发的数字材料（音、视频，电子教材等）自主学习课程，在课堂上参与同学和教师的互动活动（释疑、解惑、探究等）并完成练习的一种教学形式。其能有效提升学生的自主学习能力，发展学生的思维能力，最终实现学习成绩的提升。这一教学形式注重学习过程，注重培养学生的思维方式，注重培养学生自主学习的习惯，注重培养学生的合作精神，完成从注重知识的传授向关注学生的发展的转变，从怎样教教材向怎样用教材的转变，从注重教向注重学的转变，从传统教学向新理念教

学的转变。翻转课堂"以学定教"，学生成为自主的学习者和发展者，教师成为学生学习的指导者和发展的引领者，是具有高效参与性的自主课堂。

（二）《都江堰》跨学科教学的缘起与挑战

选定《都江堰》作为跨学科教学主题有以下两方面原因。

一是源于高中地理教学目标。可持续发展是贯穿高中地理教学的重要理念，也是高中地理必修三的主要课程目标之一。可持续发展是一种综合研究，其"研究过去、现在和未来之间的联系，研究历史演进过程中各横向问题的作用和发展机制，其中，流域的可持续发展是其研究的重要方面之一"。以湘教版地理Ⅲ第二章第三节《流域的综合治理与开发——以田纳西流域为例》，建于2000多年前的都江堰，无论是在历史跨度、工程规模方面还是在科技含量、社会效益等方面都无愧为水利工程可持续发展的典范。在以"水利工程开发流域的可持续发展"主题活动研究中，缺少"都江堰"，岂能完美？"堰"与"坝"古今对比，形成"过去、现在、未来"之间的联结，研究历史演进过程中横向问题的作用和发展机制，是对可持续发展理念的一种参悟和深化。二是源于促进学生全面发展的需要。高中语文课本中收录的余秋雨的散文《都江堰》，在记载都江堰所呈现的传统文化与人文精神的同时，再次引发了学生对都江堰工程本身的兴趣与好奇。学生对文中诸如"四六分洪""深淘滩、低作堰"等阐释产生了探究欲望和急于破解千年都江堰密码的浓厚兴趣。

在这样的背景下，我们以都江堰作为地理、语文跨学科教学的主题。为达到好的教学效果，解决课堂时间紧、课堂容量大的难题，我们采用了翻转课堂教学形式，以学生的问题作为课堂设计的出发点，以学定教。在课堂组织和教师角色方面，确定地理教师为主要引导者，语文教师以嘉宾形式参与讨论。地理教学内容方面，以都江堰的工程原理为依托，探讨人地关系、可持续发展的理念；语文教学内容方面则以余秋雨的《都江堰》文本为依托，渗透都江堰的文化内涵，弘扬李冰精神。这堂课既含审读文本之美，又具探索科技之妙。

（三）跨学科教学中翻转课堂的创新应用再思考

1. 培养学生的科学思维精神，达到引导学生探索求知的目的

新课程改革的核心理念是以学生为主体，改变教师角色，引导学生学会学习。翻转课堂正好体现了这一核心理念，解放了课堂时间，增加了学生和教师之间的互动和个性化的接触时间，创设了让学生对自己学习负责的环境。在翻转课堂上，学生是课堂的主体，学生之间互相协作共同完成质疑，而教师只是学生身边的"教练"。

翻转课堂模式让学生成为课堂的主人，使学生更善于思考问题、自主解决问题。在《都江堰》一课的问题反馈环节，学生充分利用导学案提供的工程结构图，结合凹凸岸，利用弯道"大水走直，小水走弯"流水动力原理对都江堰三大主体工程相互呼应的关系做了很好的诠释。在此过程中，学生充分感受到地理学科的魅力。

2. 开阔视野，积蓄力量，为学生全面发展奠基

翻转课堂最大的好处就是全面提升了课堂的互动性，具体表现在教师和学生之间以及学生与学生之间角色和关系的变化上。由于教

师的角色已经从内容的呈现者转变为学习的指导者,这让教师有时间与学生互动探讨,回答学生的问题,能及时地给予其指导。当教师更多成为指导者而非内容的传递者时,也有机会观察到学生之间的互动,教师不再是知识的唯一传播者。学生们的合作学习更具有能量,拓宽了认知的世界。

跨学科学习过程则直接反映了人的认识过程是分析与综合相互结合、不断深化的过程。教师对都江堰工程的深入剖析,可以引导学生把握事物更深层的本质,而地理与语文的跨学科组合则进一步拓宽了学生的视野,引导学生关注现实世界的相互联系,增强创新精神和全面发展的能力。

如在学习"堰坝可持续发展之争"环节,学生的自由辩论将课堂推向高潮。

有的学生认为,都江堰的可持续不在于其本身固若金汤,而在于其先进的治水理念:一是疏水而非堵水,二是科学的管理和维护。而对比当前的大坝工程,都江堰的治水理念并没有被很好地继承与发扬,从这个角度上看,都江堰又是不可持续的。

上述观点也引来其他同学的不同看法。

都江堰的主要作用与当前的很多大坝不同,前者是防洪和灌溉,后者更侧重于发电。前者建造于农业社会时期,而当前处于工业化时期,发电成为必需。所以,不能简单地将都江堰的可持续发展理解为水利工程的继承和发扬,而是因地制宜、因时制宜的思想。

3. 敢于尝试,善用新的资源、方法指导教学

跨学科教学中翻转课堂应用的关键在于,教师能找到一个好抓

手，即帮助学生在课前明确学习的内容、目标和方法，并提供相应的学习资源，把传统的知识灌输转化为任务驱动、问题导向的自主学习。教师切不可采用一般教材所采用的直接展示答案的方法，以"灌"代"悟"，以"结果"代"过程"，避免使学生丧失自主学习能力。

跨学科教学的翻转课堂，是以培养创新型人才为根本目标，以任务驱动、问题导向为基本方式，注重发展学生的思维能力和自主学习能力。通过翻转课堂，跨学科教学更加高效，学生思考的广度和深度有明显的提高。在课堂上，学生时而讨论、时而深思、时而争辩，实现了真正意义上的自主学习。

跨学科教学中的翻转课堂，整合了微视频、导学案、教材等课程资源，改善了学习环境，激发了学生自主学习的能力、合作探究的创新精神。遗憾的是，本节课教学中地理、语文两大学科的融合度不够。但是跨学科教学的翻转课堂，已经改变了我们的教学实践，今后或许还有地理与历史、美术，地理与政治、生物的跨学科组合教学，等等。可以坦言，我们可能永远不会再回到传统的教学方式上了。

三、尊重生命，彰显魅力课堂

众所周知，学生的大部分时间是在课上度过的，我们的教育目标和教学任务也主要是在课上完成的，因而，上课是学生主要的校园生活方式，课堂是莘莘学子舒展青春、升华生命的重要过程和载体。这一节一节的课，奠定了学生成长、成才、成功的基础。

既然如此，我们能无视课的作用吗？我们能够在课堂上无视学生的生命存在、人生体悟、人格磨炼、能力生成和知识掌握吗？不能！唯有打造有生命力的课堂教学才是对学生生命的最大尊重。

什么才是有生命力的课堂教学呢？首先，应该是"有效教学"，这是我们对课堂教学的基本期望和底线要求。如果不能保证这个底线，那么我们的课堂教学就是失败的，因为"无效教学"和"低效教学"是对学生的一种伤害，是对学生生命的一种浪费，是道德、良知甚至是法律所不允许的。其次，应该追求"高效教学"。"有效教学"仅仅是对教学最基本的追求。课堂教学还应该追求更高的境界，那就是"高效教学"。"高效教学"不仅包括知识的传授、技能的增进，而且包括情感、态度和价值观等方面的要求。表现是：课堂教学既要有课程内容选择上的广度和深度，还要有课程实施安排上的密度和适度，更要有课程组织落实上的力度和效度。也就是说，"高效教学"课堂信息量大、思维含量高，情感教育真正触及学生灵魂。"高效教学"应该成为广大教师日常工作中的切实行动和不懈追求，并由此达到"魅力教学"。"魅力教学"的魅力在于执教者的人格魅力与学识魅力所产生的课堂凝聚力；在于课堂教学彰显师生个性魅力所产生的课堂迸发力；在于课堂教学设计精妙的艺术魅力所产生的课堂向心力；在于课堂教学合乎学生认识规律所产生的科学魅力；在于师生不断超越自我而产生的创新魅力；更在于能够使师生得到共同进步和提高的发展魅力。

教师在培育满园桃李的同时，也体现并提升着自身生命的价值，完善着自身的人格修养，成就着自己的人生。所以，教师以求真务实的态度认真上好每一堂课不仅仅是对学生生命的尊重，也是对自身生命的尊重。

生命是崇高的，请从尊重开始。尊重生命，请从课堂开始！

第八章
培训领悟，赋能增值

第一节　分析美国教育的竞争力

　　2008 年 11 月 16 日受学校领导委派，肩负学校师生的重托，我们一行 8 人飞赴美国进行为期 12 天的教育教学考察。本次赴美，是学校组织的一次学习活动，我们代表团成员深知此次机会来之不易，出发前就纷纷表示，一定要努力学习、确保安全、有所收获，向校领导和师生交出一份满意的答卷。归来深思，收获满满，体会深刻。

一、总体情况

　　我们搭载国际航班，飞越了浩瀚的太平洋，穿过了日界线，感受时差的变化。飞机飞行在一万米以上的晴空里，迎着黎明一路东进。我们首站到达克利夫兰，乘车沿五大湖东行，穿越美国中部大平原，过东部阿巴拉契亚山地南行，到波士顿、纽约，最后抵达华盛顿。经过 12 天的紧张学习与考察，我们代表团成员了解了美国的教育发展现状，访问了三所著名中学，学习了其教学理念和教学手段，深刻地感受到了美国的自然风情、人文社会，并到哈佛大学、耶鲁大学等著名高校造访，收集了大量教育专业资料，结识了一批美国教育界的人士。我们接受了美国当地电视台、报社的专题采访，深入课堂听课，与老师、学生进行了面对面的沟通交流，就相互关心的问题进行了咨询和研讨。在比较中深刻反思，在前进中学习别人，在学习中发展自己，此行达到了预期目的，收获颇丰。

二、学习与考察内容

本次考察主要有三个任务：一是听取美国教育同行的情况介绍，参观学校；二是观摩美国的课堂教学；三是讨论交流，收集与积累信息资料。

在克利夫兰的圣·约瑟夫学校、波士顿的纽曼中学、华盛顿的圣安德鲁斯学校，我们近距离接触了美国教育。圣·约瑟夫学校是一所教会学校，在读学生全是女生。该校倡导为学生终身服务的理念，致力于形成以学生为中心的课堂，培养更具竞争力的学生，打造知名教育品牌。该校成立了学生升学指导中心，为学生申请进入高等学校提供个性化服务；成立了女生活动部、环保社团、合唱团、戏剧社，鼓励、指导学生参与社会实践、体育比赛、艺术比赛等；教学中重视对知识的应用，加强培养学生的自主学习、合作学习能力。纽曼中学、圣安德鲁斯学校是私立贵族学校，更重视培养学生的综合能力和领袖气质。

三、学习与考察体会

（一）思考

第一，大多数美国人自强、自立、务实、敢于冒险，具有开放和创新精神。美国教师认为每个学生都有自己的天赋，鼓励学生张扬自己的个性，发挥自己的特长。

第二，重视学生的差异及多样化发展。美国学校的课堂是开放的、宽松的、自主的，为学生的综合发展提供了条件。这里的学生来自不同的国家、不同的种族，成长的外部环境是多样的，教师不但会关注群体，也会关注个体。在圣安德鲁斯学校的一堂数学课上，我们发现老师始终是处于导学地位，检查学过的内容，展示当堂学习任务，布置新任务，对学生提出的问题予以解答和拓展，师生讨论、交流、沟通直到意见统一，真正发挥了学生的主体作用。美国现在实行的是小班化、走班式教学，有利于师生的互动交流及学生多样化发展。

第三，重视提高学生的学习兴趣。兴趣是最好的老师，美国同行在这一点上做得很好。他们幽默，富有激情，极具亲和力，讲课从学生感兴趣的问题入手，有启发性，注重平等交流，并及时归纳总结知识。美国教师注重使学生从学科的角度考察和解决身边的现象、问题，教给学生运用知识的方法，提高学生解决问题能力。课堂上学生表现积极，思维活跃，合作意识强，提出了许多有价值的问题，形成了自己独到的观点。

第四，重视通过教学活动培养学生的创造性。开展教学活动是教学的重要手段，是实现学生自主发展的途径。美国同行在教学过程中，非常注意活动的开展。例如，科学课上，让学生演示、观察"蹦极"的轨迹，用计算机编程操控赛车；社会课上，利用漫画演绎历史，学生分组协作，选择相关历史事件，用漫画形式表达出来；开展了摄影、陶艺制作、音乐演奏编曲、排练戏剧等学生系列活动。教师在教学活动中注重培养学生的合作意识，使教学过程真正建立在学生自主活动的基础上，通过全面、多样的实践活动，促进学生的主体性、创新精神、实践能力等全面发展。

从这个角度看，创新教育的关键或教学的直接任务，是要创设学生活动，给学生提供适宜的活动目标和活动对象，以及为达到创新精神培养目标所需的活动、方法、条件和环境。

（二）收获

这次外出学习考察，我们普遍感到收获较大，主要有以下几方面。

第一，学到了许多通过书本或在国内不了解的新知识，对日后的教学和管理工作有所裨益。

第二，增加了阅历，拓宽了视野，对积极贯彻素质教育改革有积极的促进作用。学校提高教学质量的关键在于教师，教师素质的高低与教学质量呈正相关关系，而教师的素质是综合的，既需要有专业知识，也需要有专业经历和眼界。

第三，拓展了学校办学的国际交流空间。此次考察，我们和多位美国教育界人士进行了沟通，建立了联系。美国同行也迫切想了解中国教育现状，我们建立了长期的合作交流关系，这对双方提高办学质量都是有益的。

（三）建议

第一，学校要有准确的办学定位。青岛二中秉承"造就终身发展之生命主体"理念，素质教育走在了全国前列，"低起点、高观点、高目标"的精英式教育培养了一大批高端人才。在激烈的教育竞争中，应该看到与先进地区、一流学校相比我们还有一些差距，要不断创造好的环境和条件，依靠学校领导和教师长期不懈的努力奋斗，去成就青岛二中的辉煌未来。

第二，要有浓厚的研究氛围。美国教育给我们的印象是研究氛围特别浓厚，校长研究管理，教师研究教学，共同探讨课程教学，探讨升学模式，搜集考试信息，研究学习策略，探讨教学效果和学习效率。

第三，要有强烈的危机意识。我们现在拥有很多优秀的教育资源，有先进的教学设施，有好的教师、优秀的学生。那么，几年以后我们靠什么优势吸引这些优秀的老师和学生呢？青岛二中的建设和发展之路靠什么？办学要靠实力，要有特色。逆水行舟，不进则退，我们要有危机意识和创新意识，这不仅是发展的问题，更是生存的问题。

第四，要有更高远的发展目标。教育所追求的理念，应该是关注学生的精神生活，开发他们的创造潜能，激发他们的创新精神，不断提高他们的生命质量和生存价值，进而使他们在生动活泼、主动和谐的发展过程中真正为自己一生的幸福做好准备。各位教师要多思考，多研究，形成我们学校独一无二的办学特色，实现我们的教育理想。没有高水平的师资，就没有高水平的教育。因此，要创建真正的品牌学校、品牌教育，师资培训、理念更新是当务之急，路很长，要做的事很多，我们应更加努力。

第二节　探访牛津

一、学习内容片段

2012 年 8 月 3 日上午的课由牛津大学的 Julie 教授主讲。她以"设计本学科的一堂课"为主题，引领大家对前几天的学习内容进行了梳理。Julie 教授上课有条不紊，她说："我已把教案准备好，把活动设计好，上课胸有成竹，就会'悠闲自得'。（笑）要想尽千方百计让学生忙活起来，而不是让老师忙活。"Julie 教授特别提到，课堂的主动权是在老师手里，要控制好课堂，掌控班级，关注学生，明确指令，规定活动时间。在回顾学习的过程中，Julie 教授重点讲述了：如何激励学生，让学生主动学习呢？课堂是由许多片段组成的，教师该如何备课呢？一是设定课堂目标，学什么，如何学？二是热身，设置一些学生感兴趣的活动，问一些问题，让学生知道课上要干什么。三是导入，借助问题、视频、图片、概念介绍引入新课。四是教授知识，实施教学策略，如直接性的互动、师生互相问答讨论；推断性学习，老师讲，学生学，通过实例学习，学生思考的时间长，内容更深刻，培养推断能力。好的教学策略应是：① 全体学生参与，② 有序的教学活动安排，③ 愉悦的课堂氛围，④ 给予学生鼓励和表扬，⑤ 有明确的阶段。五是思考发展的过程。六是给予评价或评判，看看学生学到了多少东西。注意多用激励和表扬。准备一堂课，至少要把以上 2～3 个环节考虑进去。最后，Julie 教授布置大家按学科组，遵照以上要求设计一份 1 小时的新教案或完善已准备的教案，明天要进行 20 分钟的课堂展示。然后她告诉我们，下午上课的时间是 2 点，并笑眯眯地说，下午会给大家一个小惊喜。我们有些期待……

下午，大家匆匆步入教室，见到了 Julie 教授安排的嘉宾——她 17 岁的女儿 Anrui 和女儿的好朋友鑫（一位来自辽宁大连的女孩）。大家和这两位高中 10 年级的学生进行了积极交流，了解了英国的课堂、课程、走班教学，还有英国的高考、职业规划，等等。听完我们感慨颇多：他们有小班额的便利，有教学手段、教育资源上的优势。虽然我们要学习的东西有很多，有需要提升的空间，但我们在理念上、在教学方式上毫不逊色，我们深信青岛二中的教育走在了我国的前列，即使面对发达国家的中学教育，我们依然充满自信和自豪！

二、敢想有为 做别人做不到的

曾看过浙江卫视的一档歌唱比赛节目《中国好声音》，有位未晋级选手说："我们会努力的，别人能做到的，我们也会做到。"这时评委说："你的心态是不对的，应该是我们能做到的，他们未必能做到，去做别人做不到的。"做别人做不到的！89岁高龄的吴孟超大夫，仍然坚持上手术台，他觉得治病救人是一种幸福、一种享受。正是对工作的执着和痴迷，成就了他的事业，成就了他的人生，他到达了别人到不了的境界。梅兰芳痴迷于京剧艺术，终成一代艺术大师。钱学森痴迷于导弹科技，终成科学巨匠。无数事实证明，唯坚守、坚持者能成大器，只有卓越才能创造出精品。唯有那些钟情专一、埋头苦干的人，才有希望登上事业的峰巅，做到别人做不到。马克思曾说："在科学上没有平坦的大道，只有不畏劳苦沿着陡峭山路攀登的人，才有希望达到光辉的顶点。"王羲之"临池学书"，池水尽黑，终得"入木三分"的功力。袁隆平醉心于水稻研究，几十年田间地头奔波，终于成为"杂交水稻之父"。"得之在俄顷，积之在平日。"成大器者都经过日复一日、年复一年的刻苦钻研，才达到游刃有余、百步穿杨、轮扁斫轮的境界。因为他们有理想、有追求，把成就事业、报效国家作为其存在的价值和意义。作为教师，我们在工作中，也要像他们那样，把工作当事业，把岗位当责任，把职能当本能，痴迷专业，练精技术，持之以恒地追求完美、追求卓越，真正做到不辱使命、不负重托，教育一代又一代人成为栋梁之材。教师的工作对象是人，要敢于去做别人做不到的事情，让每一个生命绚丽绽放。因此，教师应该努力做到以下几点。

心胸旷达：有开放的眼界、脑界和胸界。

视野开阔：拓宽视野，不能做井底之蛙。

拥有自信：恰当定位，相信天生我材必有用。

富有胆略：勇于冒险，敢于担当。

有效策划：回答"我是谁？""我要做什么？""我该怎么做？"

高效行动：马上投入，立即行动。

不断创新：善于变被动为主动；敢于打破各种共识；富有创新意识；独立和坚信自己。

整合平台：包括资源信息、职业技能、环境三个方面。

构建人脉：人人都是圈中人，人人都是合作者。

打造品牌：树立竞争的优势，积累资本。

那么，我们应该如何把握机遇，去做别人做到的和别人做不到的呢？

第一，制定目标：三年能胜任，五年成能手，九年是名师。三年站稳讲台，五年魅力讲台，九年品牌讲台。

第二，接纳以下十种观念。

（1）高度重视自己职业发展的黄金时期。

（2）制定较高的人生追求和人生目标。追求卓越，拒绝平庸，如果教师是我们的职业选择，我们就要对这种选择负责一生，这是知识分子的生命尊严。

（3）教育生涯中追求的五个方面：高尚的思想道德、渊博的学识、高超的教学艺术、过硬的科研能力、良好的身心素质。

（4）理解不同时代对教师的不同要求。① 传统标准：好教师必须是教育者，而不是教书匠。（既教书，又育人）② 现代标准：好教师不仅是教育者，而且是学习者。（既教书育人，又终身学习，自我完善）③ 现实标准：好教师不仅是教育者、学习者，而且是创造者。（更强调创新精神，研究者角色）

（5）教师应有自己的教学特色，它关乎教师的文化品质和教学品位。教学特色是教师对教育教学深刻思考后所形成的一种见解、一种思想，不仅是教师对事业、对学生的热爱出于情感上的自愿，也表达了教师理智上的自觉。一个缺乏教育自觉的老师很难成为优秀教师。

（6）重视教学，重视教育科研。一般教师在教学中让学生适应自己，带着知识走向学生；优秀的教师则是让自己适应学生，带着学生走向知识。

（7）把简单的事情做好、做精。真理，往往就是一件平凡的小事；伟大，总是用平凡打动人心。

（8）做一个充满魅力的全能教师。① 人格魅力：为人师表的道德魅力；举止优雅的品格魅力；追求完美的思想魅力。② 学识魅力：博览群书；学会思考。③ 工作魅力：教学能力强，对学生有强烈持久的人际吸引力；教研能力强；创新能力强。④ 社会魅力：在社会生活中、在专业领域里都有影响力。

（9）名师的特征：不凡的学术勇气、敏锐的研究意识、执着的探究精神、全面的信息素养、较强的创新能力、丰硕的研究成果。

第三节　国培教育，大师的启迪

一、做学生的学问

怀着激动的心情，带着对知识的渴望，来自全国各地的一线优秀地理教师齐聚北京，参加 2013 年国家级培训。聆听首都师范大学高中地理课程培训团队专家教授的教诲，做学生，做学问，那是一种幸福。大多数学员做了二十几年老师，再一次走进课堂做大学问家的学生，就要精心、静心，虚心求学，尊重老师，敬畏课堂。学者必求师，从师不可不谨也。学生若能遇到好老师，则受益终身。战国时期的李斯之所以能够成为千古第一丞相，影响了中国封建社会两千多年的政治格局，是因为他遇到了一位好老师——荀子。荀子好学，是一位"特级"老师，李斯清楚他有一位好老师，学必有益，所以他态度虔诚、虚心勤奋、学而有方。荀子知识渊博，学术精粹，他教给弟子的不仅是知识，更重要的是智慧，所以他的学生大多能独当一面，纵横天下，治国安邦，建功立业。有荀子这样的大师，高徒自是无数，然而"青于蓝"的只有三个：李斯、韩非、浮丘伯，其中以李斯最为出色，这就源于李斯深谙做人的道理、做学生的奥秘。可见，有做教师的学问，也有做学生的学问。

想我们当年求学时，无论是在小学、中学还是在大学，遇到的老师不计其数，但我们期望的老师是这样的：他（她）不仅传授知识，而且能够告诉我们为人处世的道理，人品高尚，思想深刻，有非凡的洞察力，教给我们解决现实生活中遇到的问题的智慧。

曾获得奥斯卡最佳原著剧本奖的美国影片《春风化雨》中的基廷老师，就是一个对生命有独特理解的老师，指引着学生发现并珍视内心"梦想的船长"，帮助学生坦然面对自己，面对生命的一切。他教会学生用不一样的眼光看世界，做最好的自己，挑战那些在别人眼里是金科玉律的教条，走自己想走的路。无论是让学生撕掉关于诗歌的权威评价，还是让他们不要跟随别人的脚步而走自己的路，基廷老师用他的人格魅力感染了一群被禁锢、被压抑得太久的年轻人，让他们恢复了飞翔的勇气和激情。相比之下，今之培训，或可授业，或可解惑，或可参与，但我们欣喜之余能否知其良苦，能真正学得多少知识？有前辈说：只有当你不断地致力于自我教育的时候，你才能教育别人。这很有道理。为了生存，为了不误人子弟，我们不得不为人为己而忙碌奔波，但是，我最想告诉大家的是我们"传道、育人"的责任决定了我们今天就要认真扮演好学生的角色。要做好老师，先要做好学生。人生不以长短论，人生的价值在于如何活得精彩。人生只有一次，我们不要做后悔的事情。因此，一定要下决心去做自己想做的事情，做好应该做的事情，这样的人生更有意义。米兰·昆德拉曾说："假如我们不能改变这个世界，那我们至少应该改变我们的生活，自由自在地活着。"面对无法改变的现实，我们要改变自己，尝试着通过研修来慰藉日益浮躁空虚的灵魂，在心灵的小屋里寄托自己的理想，放飞自己的激情，让学生成为终生受益者。不经历风雨，怎能见彩虹？如此何惧困难！敢问路在何方？路在脚下，走的人多了就成了无阻的大道！

没有什么救世主，一切全靠我们自己！人生道路，爱拼才会赢，拿出勇气和力量，搏一把试试！学习中，或有质疑，或有批评，或有责备，却也会收获颇丰——视野开阔了，经验增加了，阅历丰富了，知道自己不能干什么，明白自己能干什么、能干好什么，这些都不是从书本上能学来的，也不是花钱就能买到的。一旦有了准确的定位，你就会走得更快、更稳、更远。一个教师什么时候进步得快？在其主动反思的时候进步得快。上完一节课，问这节课的收获是什么？不足之处又在哪里？每天积累一点点，写下来，记下来，久而久之，这些点点滴滴的积累就变成了我们宝贵的教学资源。只有当老师有了自己的体会、自己独到的见解时他才能真正成长。

我非常激动地想把自己这些年来的一些感悟分享给大家。世间万物都有自然运行的法则和客观规律。什么是规律？规律是指事物之间的内在的本质联系。这种联系不断重复出现，在一定条件下经常起作用，并且决定着事物必然向着某种趋势发展。规律是客观存在的，是不以人的意志为转移的，但我们可以通过实践认识它、利用它。我们只有顺应天之规律、地之法则，顺应自然之势、人之本分，才能正常有序地发展，才有可能获得成功。世间万物的运行都有其内在规律，一个人只有把握了其中的规律，才能立于不败之地。而要想把握规律，关键在于悟，不死读书，不教条，成功的关键在于悟。规律有处世之规律、治国之规律、安邦之规律，更有求学之规律、管理之规律，等等。规律与知识的多少没有必然联系，而与人的智慧有很大关系。在实践、感悟和积累的基础上，提炼出的这些规律，奉献给广大的学员朋友，希望在今后的工作中少走弯路，尽快走上成才之路，至少做你地盘上教育教学的中坚、能人，做学校不可或缺的人。做学生有很多学问，但要从心诚开始！

二、让理念落地，使思想生根——愿优秀离我们更近些

带着激情，怀揣梦想，我们来自全国各地的学员一同相聚北京，走进了首都师范大学全国高中地理一线优秀教师培训研修班。在 10 天的时间里，围绕着"课堂教学分析、研究、评价"这一主题，学习聆听大师的教诲，结合学科实际，共同交流和分享了有关教学方式、学习评价、提升学生技能的经验感悟。美好的时光总是短暂的，回望研修的过程，我们感到有许多东西值得珍藏，有许多的思索、理念等待去实践！

国培集中研修是一份值得珍藏的历程。尽管学员分散在祖国各地，但网络把大家紧紧连在一起，围绕共同的研修主题，大家以园地为船，以键盘为桨，以文字汇聚挚友，一同向着理想的彼岸进发！十天里，大家投入激情，挥洒热情，一份份精美的简报、一篇篇睿智的感言、一句句优秀的评析，是大家共同学习的成果，也是大家辛勤汗水的结晶。我们以完成项目任务的学习方式，在情景化的学习环境中，模拟翻转课堂学习过程，不断深化着对课堂研究、评价的认识。如今，我们可以自豪地说：我们付出了，我们也收获了！

国培集中研修是我们专业成长路上的加油站，借助针对性课程，在专家引领、同伴互助、自我反思的学习过程中，我们理解了课堂及学习评价的基本特征；结合新课程学习目标，我们反思了原有的学习评

价，懂得了要把形成性评价与终结性评价有机结合；在完成项目过程中，我们尝试以目标、方法、工具为核心来思考评价策略，将学习评价嵌入教学活动的各环节，以时间为线来管理学习评价活动；我们依托信息技术手段和项目库中丰富的资源，积极开发适合学科特点的可视化学习工具；我们学会了如何有效地实施评价策略和使用评价资料。

追求高效的素质教育，以培养具有自主、合作、探究、创新精神的人才为目的。而教育发展的核心要素，就是教师的成长与发展问题。教师是新课程改革的主力军，关乎课程改革的效果，因为教师的成长和发展影响着教育活动的实际质量和长远效果。

教师应努力提高自身素质，以迎接教育改革的挑战。

第一，做不断学习、不断进取、积极合作的终身学习型教师。全面教育，呼唤高素质的教师。在学习化社会里，教师更需要终身学习，掌握教育研究的基本方法和相关的理论知识，自觉地在研究中学习，在实践中探索。为了提高自己的专业素养，教师应向周围的同事、学生、家长学习，向书本、网络学习，更新知识，更新理念，不断接受先进的理论、技术、方法和经验，增长本领，以更好地服务于教学。实践告诉我们，教师只有终身学习才能更好地教育学生。

第二，做有思想的科研型教师。苏霍姆林斯基说："如果你想让教师的劳动能够给教师带来乐趣，使天天上课不至于变成一种单调乏味的义务，那你就应当引导每一位教师走上从事研究这条幸福的道路上来。"教育科研能力是教师应具备的基本能力，教师要从经验型转向科研型转变，要成为新的教育思想、教育理论、教育内容、教育对象、教育方法的实践者和研究者。为提高教学水平，培养适应社会发展的创新型人才，那种教教材的传统做法应该被扬弃。教师应及时将先进的教育理论引入课堂，转变传统的教育思想，树立现代的教育发展观、人才观、教学观，构建新的教育教学理念，构建以生为本的高效的课堂创新模式。

第三，做反思型教师。教育反思，主要是指教师对自己教育教学的思想、言行、方式、方法等的自我意识、自我知觉和自我调整，从而最大限度地促使学习主体——学生的健康发展。与此同时，教育反思也可提高教师教育教学的效果，是教师专业化发展的重要途径。教育反思作为一种重要的教学行为经常发生于教学中，它不仅被作为一种手段用来发现和解决问题，也作为一种文化渗透于教学行为中，贯穿教学活动的始终。学习是为了提高，反思同样是为了提高。教师的自我反思意味着教师对自身行为的审视，从这个意义上说，不断学习，提高自己的教育教学水平是反思型教师的基本特征。教育反思不仅是为了完成教学任务，也是为了更好地完成教学任务。不断反思和对教学过程中许多问题的"追问"，使教师的教学更趋理性。

国培集中研修只是教师成长路上的一个新起点，培训提供的一份养料、一粒种子，要让它生根、发芽，还需要教师精心地去培育和浇灌。今天的学习不是坐而论道，而是为了明天起而行之，学以致用、学用结合才是我们的目的。要使理念落地，让思想生根，必须使研修对接课堂，把集中培训向校本研修延伸。各学员要结合本校学科教学的实际，把有关课堂教学、学习评价方式的新理念落实到具体的课堂教学实践中去，不求面面俱到，但求重点突破，鼓励模式创新，以应用为本，借助教研组内的磨课、评课活动，借助各级教育教学评比活动，打造优质课例，形成精品资源包，助力课程改革。新课程改革方兴未艾，前行的路上，需要我们不断地思考！

第四节　关于山东省高中远程研修的思考

随着山东省 10 万高中教师远程研修活动的开始，作为省培训专家，我已经陪伴了它 15 个年头。这 15 年来，有感慨，有体悟，更有无数激动人心的场景，无数新理念、新思想的碰撞。

一、研修，不能错过的风景

盛夏，山东省 10 万高中教师远程培训的"评价专题"研修也如期而至。年老方知年少狂，学东西要趁早。曾经有一个小姑娘不小心被一种叫苎麻的植物扎伤了手，回家后她委屈地对母亲说："我只是轻轻碰了它一下，它就把我扎得这么痛。"母亲抑制住心疼，对女儿说："正因为如此，它才会把你扎得这么痛，假如你不是轻轻地碰它，而是勇敢地一把抓住，它非但不会扎伤你，你还会发现握着的简直就是一团棉花，反而一点也不会觉得痛。"想想现在的困难，多少跟苎麻有点像，所以我们不要怕它、躲它。我们要相信，当我们一把抓住它的时候，它就会变得服服帖帖。我们在研修学习的过程中，可能遇到许多的困难，不懂、不会、疲惫、焦虑、失望、不知所措，但我们有时间、有信心、有能力去做好。看书不怕慢，领悟要反复，积累靠坚持。当面对种种难题时，不要惧怕，凡我们所经历的都是我们所能承受的。并且我们要相信，只要努力奋斗，讲究科学、方法灵活，就一定能战胜万难千险，赢得研修的胜利。

二、幸福，是因为值得——兼谈我们越来越清晰的新课堂

转瞬之间，省远程研修在炎炎的酷暑中已经过半。端坐在电脑前，欣赏着专家、学员的文章，浏览、点评着同行的教学心得、教学设计，心里很痛快，感觉到丝丝清凉和惬意；教研组办公室里传来噼里啪啦敲击键盘的声音，在老师们的讨论乃至争论中，一篇篇点评写就、上传、交流；倾听着来自全国各地的声音，分分秒秒都紧张和兴奋着，体验着既做指导教师又做学生的那份久违的感动。那么多年过去了，无论是做学生还是当老师，讲过、听过的课记不清了，经历了无数次大大小小的培训学习，唯有这次的研修令人印象深刻，更让人情有独钟。这的确是一次更深层次、更高水平的培训。它关注了教师的需求，加强了对教师的专业引领，增强了针对性和实效性，唤醒和激发了教师学习的愿望和学习的潜能，是对教师反思能力、变革能力、实践能力的有效培养。

教育大计，教师为本。要把加强教师队伍建设作为教育事业发展最重要的基础工作来抓，充分信任、紧密依靠广大教师，努力造就一支师德高尚、业务精湛、结构合理、充满活力的高素质专业化教师队伍。省远程研修高瞻远瞩，早计划、早行动，抓住了契机，想教师之所想，启动了浩大的培训工程，连续多年奋战，受益的是教师，更是千千万万个山东学子。

作为教师，我们一直在思索，培养人决胜在课堂内外，那么，今天

的课堂应该是什么样的？前期有专家做过一项调查，要求学生选择一个自己最喜欢的地方，答案不是学校；然后在学校中选择一个最喜欢的地方，答案不是课堂。有人说："明天的课堂可以多一点生活的味道，少一点教学的做作；可以多一点人性的关怀，少一点功利的色彩；可以多一点思想的培育，少一点知识的灌输。"青岛二中提出建设个性化、智慧化、生活化的校园、课堂，造就终身发展之生命主体，仁智育人，让二中一路辉煌，走到今天。教育不是传授知识，而是培养心智。教育不是灌输，而是点燃火焰。回望近十年的教学改革，新课堂的样子变得越来越清晰，它是充满智慧和幸福的课堂，是让学生感到安全、享受快乐、创新创造的课堂。

我们提倡智慧课堂。它是对国家课程进行个性化、创造性处理，着重于使施教者本身智慧的发展和智慧地从事教学活动，以培养学生的智慧为核心的一种课堂教学形态，是师生教学活动系统生成整合的充满教学智慧的课堂实践过程。

智慧课堂意味着平等融洽，意味着动态生成，意味着生命涌动。在智慧课堂里，教师不再是教材的解读者、教案的执行者，而是善于创设教育情境、充满教育智慧的人；在智慧课堂里，师生、生生在感情、兴趣、个性思维、人格等方面进行交流与互动，使知识、能力乃至生命成长齐头并进。学生不断利用原有知识经验对新的问题做出解释，进行加工，从而实现对新的知识、思想方法的建构。这种过程就是化知识为经验、化经验为智慧、化智慧为德行的过程，是动态的、开放的生成过程。教师在生动的情境和鲜活的课程资源中，不断调整自己的教学行为，使课程实施由执行教案逐渐走向互动生成，使课堂真正成为教育培养综合性人才的沃土。不难看出，智慧课堂是师生实现零距离的沟通，是师生敞开心扉、放飞思想，是学生个性张扬、生命成长的新天地。

幸福的课堂需要坚守，唯有坚守才能有幸福的课堂。如何创造幸福课堂？如何坚守幸福课堂？幸福课堂有两大标志：丰富的情感体验、广泛的成功体验。创造幸福课堂要靠激情、智慧和爱心。当你对课堂有了亲切之感时幸福之花也就含苞欲放了，坚守幸福课堂，说到底就是教师要坚持不断学习。教育的本质究竟是什么？一位教育家说，教育不是教死书，也不只是会考试，不能一天到晚让学生扎在练习的纸堆里。教育应该是一段生活、一个过程、一次体验、一种创造，小小讲台，宽广舞台。因此，站在三尺讲台上的我们，应该为自己、为学生、为社会演绎好人生的一出出大戏，这是我们每一位教师应该做到的，也是必须做到的，教师应成为民族发展的奠基者，应成为学生成长过程中至关重要的引路人。

研修期间，作为指导教师的我千方百计融入培训、研讨中，一心一意为学员服务，看视频，找问题，精准点评作业，与专家、学员切磋、交流，给予学员鼓励和信心，特别是对于年轻教师提出的疑问困惑，及时解答，互帮互学，一同成长，深得学员好评。很多学员发来帖子，"天气炎热，多喝绿豆汤解暑""辛苦了，早点休息"等等，我们不仅收获了知识，更收获了友谊，建立了很好的信任关系。这些细节让大家热情高涨，工作更安心了，做事更投入了，效率更高了。大家纷纷表示，在今后的教学工作中，会经常联系，彼此交流，共同打造高质量、有效的课堂，为山东省的教育事业增光添彩。其实，省远程研修只是教师职业培训生涯中的一段插曲，教师要成长，就要不断学习，补充知识、能力以适应不断提高的职业要求，构建自己的价值观，提升自己的素养，实现专业发展。前方的路很长，学习的路也很长，我们需要多角度、多途径探索学习之路，以成长得再快些、再稳一些。学习有驱动力、有坚定的方向和目标，你就会所向披靡，无畏无惧。

几天的学习使我们实实在在感受到，今年的研修较去年准备得更充分，内容更丰富，真正实现了资源共享，使教师既成为自己经验的贡献者，又成为别人经验的分享者，尤其是实现了和课程团队专家、学员的多课题、大范围的在线交流，得到了各位专家的答疑、指导，受益匪浅。在这次培训中，我们也发现了很多有潜质、热爱教学的年轻教师。他们就是山东省教育战线的未来和希望。做教师心智要高，心态要平，心姿要低，要清醒地认识到自己担负的角色和使命。幸福，是因为值得。

三、致明天的教育守望者

一位青年教师对我说："终于赶上了今年的暑期培训，我太幸运了。"是的，一个刚刚走出校门的大学生，能有如此机遇，何等幸运。提高教育教学质量，必须打造一支高素质的教师队伍，即一支师德高尚、业务精湛、充满活力的专业化教师队伍，提高教师的专业水平和教学能力，造就一批教学名师和学科领军人才。

每一个暑假，我们都在谈论着一个话题；每一个7月，我们都在践行着一个宗旨。在学习，在交流，传递着丰富而具有创新性的经验；谈体会，说打算，履行着教育者的职责。省远程研修，是高中教师培训的盛会、精神的家园。教育的理想让我们走近，互相学习，互相帮助，让我们的思想得到了升华，让我们聆听到教育的真谛。教育需要艺术，需要灵动和神韵；教育需要机智，需要把握每一个转瞬即逝的机遇；教育需要能力，需要毫不懈怠地追求与探索；教育需要特色，需要不断创造出睿智与灼见。多少青年教师，汲取营养，送走了一届又一届毕业生，愈发变得沉稳、大气，充满自信；多少老教师又添华发，教学相长，把自己的心得悉心传授。研修让大家互通有无，取长避短，心暖情长；甚至打破了学科的界限，讲述着课堂的点滴；没有了地域的距离，通过网络表达着心声。作为青岛市的一名指导教师，我和学员们一起共沐雨露，共洒汗水，共享成败，为学员好的文章欣喜，为彼此的争论裁决，为刊出的图文并茂的简报叫绝，为一起忘我工作的同事叹服。

要做好教师，先要做好学生。"给学生一桶水，自己要有长流水"。不断学习，才会有不断的源泉。远程研修为我们搭建了广阔的交流平台，专家传经送宝，学员学习探讨，满足了学习的强烈渴望。网上研修，缩短了地域距离，改变了时空分布。研修启迪我们要做有智慧、有爱心、让自己快乐也要让学生快乐的人。要想让自己的课讲得更好、更加吸引学生，就必须多学习，提高自己的个人素质，成为教学的多面手。只有语言生动、提问有深度、教学手段丰富才能吸引学生，激发学生的学习兴趣，提高学生的学习实践能力。如何成为优秀的教师？最重要的一点是必须不断学习，读好书，丰富自己的知识，提高自己各方面的素质。新时代的教育工作者，必须具备广博的文化知识、精深的专业技能和研究创新的实践能力。在专业发展的道路上，一要有丰富系统的教学知识和方法；二要教给学生有价值的知识，培养其综合能力；三要成为学生学习的促进者、合作者，教学相长，共同成长；四要做学习型教师，也就是说，教师要做学习的先行者；五要实现从教书匠到教育专家的转变，既要教学，又要研究教学、发展教学，这是时代的要求。新课程的开发、实施要求教师必须成为研究者，于是，我们不能居高临下，不能浮躁，而是应静心看待在和学生发掘学科核心价值的过程中，共同学习、生活、实践的每一个教育教学场景，在与学生的共处中捕捉让人感动的点滴细节，并随时把这种感触记下来，在深思中懂得用爱、平等去包容、欣赏，去守住职业的良知。

研修是一段值得珍藏的历程。尽管我们分散在各地，但网络把大家紧紧相连。围绕共同的研修主题，大家以园地为船，以键盘为桨，以文字汇聚挚友，一同向着理想的彼岸进发！研修过程中，大家投入激情，挥洒汗水。教研组内热情参与，研修网上冷静思考，一份份精美的简报、一篇篇睿智的感言、一件件优秀的作品，是共同学习的成果，也是辛勤汗水的结晶。我们以完成项目任务的学习方式，在情景化的学习环境中，模拟"颠倒课堂"，不断深化着对学习评价的认识。如今，我们可以自豪地说：我们付出了，我们也收获了。

研修是我们专业成长路上的加油站。借助网络电子课程，在专家引领、同伴互助、自我反思的学习过程中，我们结合新课程学习目标的落实，反思了原有的学习评价，懂得了要把形成性评价与终结性评价有机结合；在完成自己的项目作品过程中，我们尝试了以目标、方法、工具为核心来思考评价策略，将学习评价嵌入教学活动的各环节，以时间线来管理学习评价活动；我们依托信息技术手段和评价项目库中丰富的资源，积极开发适合学科特点的多样化评价工具；我们学会了如何有效实施评价策略和使用评价资料。如今，我们可以自信心地说：我们感悟了，我们成长了。

集中研修已近尾声，但展望前程，我们仍任重道远。远程集中研修只是教师成长路上的一个新起点，培训提供了一粒种子、一份养料，要让种子生根、发芽，还需要大家精心地去培育和浇灌。今天的学习不是坐而论道，而是为了明天起而行之，学以致用、学用结合才是我们的目的。要使理念落地，让思想生根，必须将研修对接课堂，把集中培训向校本研修延伸。按省项目办的要求，将把"21世纪课堂中的评价"实践运用作为下次高中校本研修的一个重点内容，保持研修平台不变、专家团队架构不变、研修管理模式不变，采取"以学校为主阵地，教师研修反思、不同层级助学专家团队专业引领有机结合"的组织形式，把校本研修的学分按《山东省教师继续教育学分管理办法》的相关规定，记入个人档案。各学员要结合本校学科教学的实际，把教育教学新理念落实到具体的课堂教学实践中去，不求面面俱到，但求重点突破，不求整齐划一，鼓励模式创新，不能原样照搬，要以应用为本，借助教研组内的磨课、评课活动，借助各级教育教学评比活动，打造优质课例，形成精品资源包。新课程改革正方兴未艾，前行的路上，需要我们不断思考并行动着。

时间的车轮不断向前，以信息技术为代表的第三次技术革命正席卷全球，新的时代呼唤新型人才，这需要今天的教育站得更高、看得更远。前进在新课改的路上，我们相信，以多元评价方式的实施来促进教学方式的改进和学习方式的完善，是培养更多具有创新精神和实践能力的人才的重要途径，这必将有助于顺利实现我们的教育梦。

四、好课是有余味的

好的音乐艺术吸引人，启发人，"余音绕梁，三日不绝"，道出了音乐艺术的魅力。

好课，也应该是有余味的。

研修期间，集中精力，专心致志，下载教学视频，观课评课，辛苦但充实。尽管程序繁杂，心态不一，但还是有所收获的。授课老师年龄虽轻，可手段新，有着较强的课堂把控力，方法多元，从容不迫，导入、探究、提问、互动、辨析、训练、归纳，一气呵成。《热力环流》教学稳健，开山辟路，铺垫基础，指点有方；《人口迁移》设置案例，经典导入，激励学生讲述家庭人口迁移的故事，复杂的内容得以简化，生活中的案例启发着学生的思维。授课老师们借用演绎法、归纳法彰显教学的艺术，课堂充满教学智慧。

印象深刻的是东平一中轩老师的《区域与经济可持续发展——以东北地区为例》的录像课。总体来看，轩老师的教师学设计很完整，思路清晰，主要围绕着区域→农业条件→农业布局→农业问题→解决措施展开教学。最大的亮点是轩教师在课堂上游刃有余，有良好的教学功底，内容把控有序，能用语言激发学生参与教学，学生主动性高，教学效果不错。但是，教师对教学过程和教学内容越熟悉，越容易偏重讲授知识，传道授业而忽略了解惑修错。实际上，在学生预习的基础上，教师要有教改意识，敢于放手，发挥学生的主体作用。课堂上不抢断学生的发言，耐心等待学生把问题说清楚，一个不行，再来另一个；加强与学生之间的互动合作，不仅师生进行交流互动，还可以提供教学视频、材料等供学生自主学习，提出疑问，学会探究，解决问题。

比如，教师在问到东北地区农业生产的自然条件时，学生回答了地形，教师就告诉了学生自然条件还有气候等，又主动提到了社会经济因素，指出有利条件和不利条件，学生难有深层自主探究的机会，满堂问的现象突出。必考点、常考点知识等，学生在教师引领下一读而过，课堂的高效性大打折扣。在教学内容的拓展方面，教师最好由东北地区指出其他小尺度范围的农业生产情况，如辽河谷地、三江平原、松嫩平原、大兴安岭长白山地、东北的西北高原农业发展方向。还要加强大尺度区域的对比教学，如东北与华北的农业异同，与西北的农业异同，与南方地区的农业差异。如此，这堂课会显得更丰满、更有说服力，效果会更好。教师千万不可陷入就区域讲区域的怪圈，要把更多的时间留给学生，这些是我们在课堂上要有所改变的。

细细想来，值得回味的课，对学生来说，是一种享受、一种历练、一种成长；对教师来说，是一种引领、一种修炼、一种期待。课的余味，靠技艺"着色"，靠情感"增香"，靠智慧"提味"！

工作以来，听课、评课无数，已成常态，记忆里有很多课值得回味，久久的沉淀、升华，愈发吸引人、激励人。时间或久，但印象深刻，授课教师飞扬的神采、诙谐的语言、逼真的肢体形态展示、漂亮的板书总结、循循善诱的启发点拨、学生有些"放肆"的质疑追问或批判、轻松活跃却又时而紧张严肃的课堂氛围、达成一致目标的欢欣，等等。学生被教师所感染，自然而然地领会了教材需要传达的内容，思路不断拓展，知识不断丰富。这就是好课的余味。

举几个课堂教学经典片段：有的教师在教"地质构造"时，带领学生研究"竹片弯曲来辨识背向斜的结构和断层构造"；有的教师在教学"热力环流"时，让学生进行"给你一分钟时间，看谁能设计出环流实验模式"的竞赛；有的教师在教学"人口迁移"时，让学生讲述"自己家里发生的故事"。这些经典案例，因思想而鲜活，因思想而深刻，因思想而带来浓浓的余味。

在许多特级教师及专家的课上，学生感觉 40 分钟过得太快了，不愿下课。什么让短短的 40 分钟充满魅力？老师说："每当我走上讲台，就会想，在今天这节课上，我生命中的 40 分钟将和孩子生命中的 40 分钟共同度过、共同消失。我们的生命融合在一起、消失在一起，我要用我的真诚感染学生，激励学生，我也将感受到学生的真诚……"如果站在用生命拥抱生命的高度去教学，课堂就会充满生命的活力。在文化启迪、智慧引领下，课堂就会充满情感，关注每一个生命，教学有艺术美感，更有教学的智慧，从而赋予课堂创新的灵魂。这就是好课的余味！

后　记

《中庸》云："致中和,天地位焉,万物育焉。"教育就是要使每个人找到自己的位置,并得到充分的发展。

教育的本质关注的是人的健康成长、快乐幸福和个性发展。教师在学生面前呈现的不只是"专业",还有人格。"只育分,不育人"是极其简单的事情,而教师真正难做到的事是在育人的过程中,让学生感到幸福,让自己感到幸福。这是教育的本来,也会支撑起教育的未来,并塑造决定着人类的未来。

逐鹿的人看不到山,打鱼的人看不到海,好的教育看不到分数。分数和人格的发展是两回事,分数不同于人格,知识也不等于智慧。教育一课堂是个寻梦的地方,虽然实现梦想的路还很长很长,但有了梦想就有了希望,有了希望就有了力量。"万物皆有裂缝,那是光照进来的地方",我们注定要一直向前走——让梦想牵着生命的脚步,一路跋涉,让生命成为一架云梯,一直延伸到梦想成真的那一刻。

心有春天,心花才能怒放;胸有大海,胸怀才能开阔;腹有良策,处事才能利落;眼睛有神,目光才能敏锐;臂膀有力,出手才有重拳;脚步有序,步履才能坚定。成功不会向我们走来,我们必须走向胜利;智慧不会向我们走来，我们必须勤奋思索；快乐不会向我们走来，我们必须用心体验。正所谓，心若向阳，则无惧悲伤。人生路上难免会有各种曲折，生活中亦难免会有磨难。尽管征途漫漫，但也要一路放歌，潇洒地奔向明天。

我们的教育思想、教育理念、文化素养和人格、情怀，融入教育家所应有的格局、眼光和气度，就是教育者以天下为己任的责任担当。这种铸造我们民族脊梁的家国情怀和责任担当，是中国教育真正的希望。教育没有最好，只有永无止境的求索建构。教师与新教育同向而行，追寻新教育的梦想，新时代的教育才有希望和未来。这一往无前的唯一力量，就是对教育最深沉的爱！

刘向力

2022 年 1 月